Impressum

Text: Julia Arndt, Friederike Henne, Myriam Moser, Benedikt Sonntag, Nick Wawroschek
Satz & Lektorat: rap verlag
Grafik: www.gudrunbarthdesign.com
Druck und Weiterverarbeitung: oeding print GmbH, Braunschweig

RECYCLED
Papier aus Recyclingmaterial
FSC® C013861

ISBN: 978-3-942733-14-4

1. Auflage 2013

Kontakt: kontakt@rap-verlag.de

Alle Angaben in diesem Stadtführer erfolgen ohne Gewähr und ohne Anspruch auf Vollständigkeit.

»ENDLICH AACHEN!«

Dein Stadtführer

Aachen ... endlich!

Lieblingsort von Karl dem Großen, malerisch gelegen im Dreiländereck, Domstadt, westlichste Großstadt Deutschlands, prall gefüllt mit Museen, Brunnen, Parks, (männlichen) Studenten und Printen. Endlich Aachen! Und Du bist mittendrin!

... aber schon gehen die Probleme los: Du liest unzählige Wohnungsanzeigen, weißt aber nicht, in welchem Stadtteil Du schön, naturnah, günstig, studentisch oder besonders exklusiv wohnen kannst. Du möchtest am Wochenende mal so richtig im Nachtleben schwelgen, landest aber – Du wusstest es nicht besser – beim gemächlichen Tuba-Abend. Du hast vergessen, für den Sonntag einzukaufen und keine Ahnung, wo Du jetzt noch was zu essen herbekommst. Das sind nur einige klassische Hürden, die eine neue Stadt so mit sich bringt.

Meist dauert es eine halbe Ewigkeit, bis man sich richtig gut auskennt und bis dahin muss man so einiges über sich ergehen lassen. Aber jetzt ist Schluss damit: Dieses Buch soll Dir eben diese Jahre voller Selbstversuche, Entgleisungen und Kompromisse ersparen und Dir helfen, Dich in Deiner Stadt von Anfang an zu Hause zu fühlen. Essen, Trinken, Feiern und Genießen, Freizeit, Kultur, Spaß und einfach Leben – genau darum geht es in:

»ENDLICH AACHEN!«

Damit Du das alles so richtig auskosten kannst, sind unsere Autorinnen und Autoren durch die ganze Stadt gestreift – immer auf der

Suche nach den schönsten Ecken, den besten Leckerbissen, den ausgefallensten Kuriositäten und dem besonderen Etwas in Aachen. Sie haben viele, viele Kilometer zu Fuß, mit dem Fahrrad, den Öffentlichen oder dem Auto zurückgelegt, Klemmbrett und Kamera in der Hand, haben Notizen gemacht, Fotos geschossen und dabei Regen und Wind getrotzt. Das alles hat sich aber wirklich gelohnt, denn heute hältst Du tatsächlich dieses Buch in Deinen Händen.

Es ist vorläufig fertig, soll sich aber als Dein persönlicher Ratgeber und Begleiter immer wieder verändern und weiterentwickeln. Das Tolle ist also, Du darfst – ja sollst sogar – in diesem Buch herummalen, Kommentare an den Rand schreiben, Sachen durchstreichen, markieren und aktualisieren und ihm Deine persönliche Note verleihen (Natürlich nur, wenn es Dir auch gehört, nicht, wenn Du es gerade im Buchladen anschaust). Um Dir die Hemmungen zu nehmen, haben wir selbst schon einmal angefangen zu kritzeln, malen und markieren ...

Wir wünschen Dir viel Spaß mit

»ENDLICH AACHEN!«

und Deiner neuen Stadt!

Dein rap verlag

jetzt auch online:
www.facebook.com/EndlichAachen

Häus

zu Hause zu Hause zu Hause

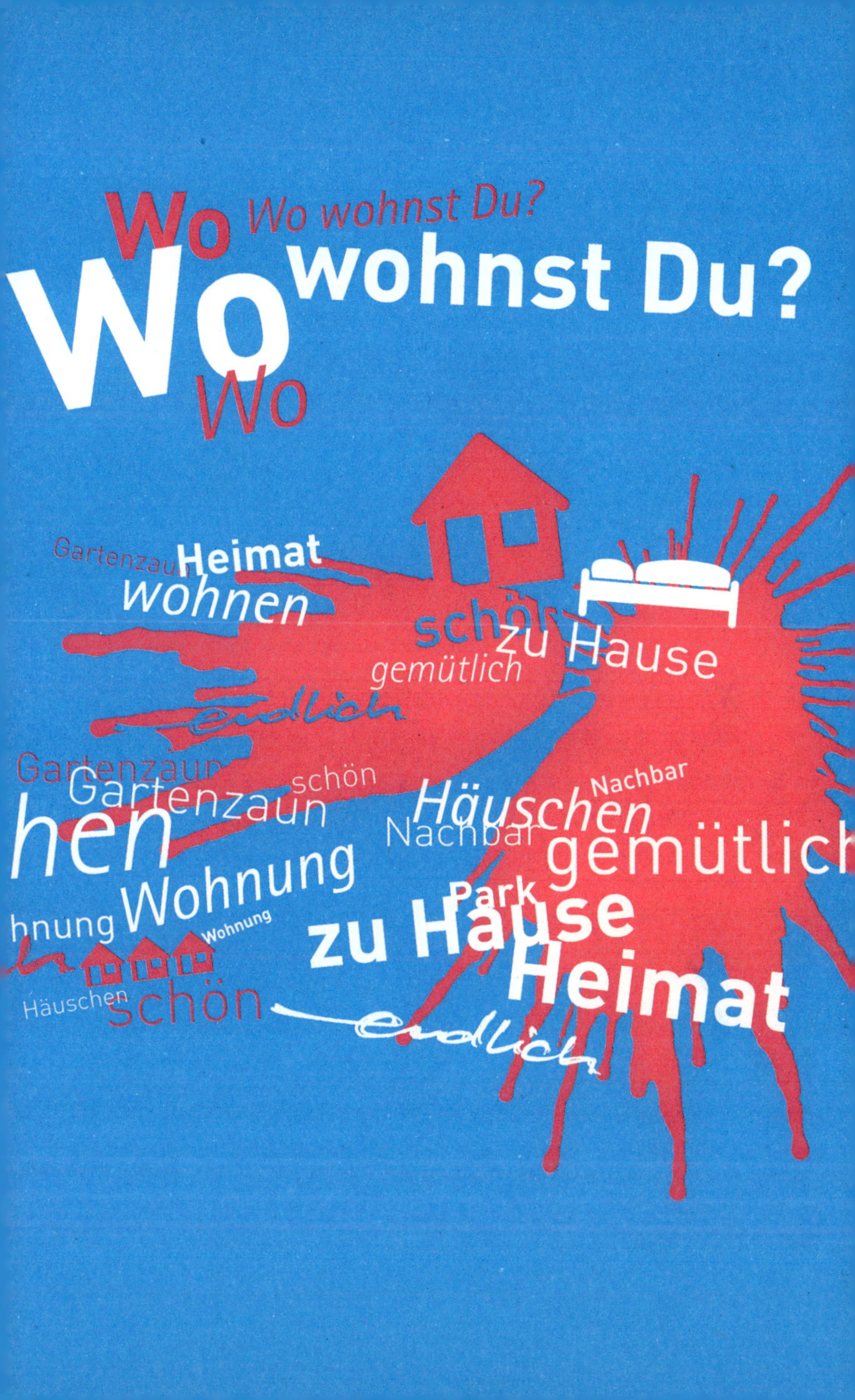
Wo
Wo wohnst Du?
Wo wohnst Du?
Wo
Gartenzaun
Heimat
wohnen
schön
zu Hause
gemütlich
endlich
Gartenzaun
Gartenzaun
schön
Nachbar
Häuschen
hen
Nachbar
gemütlich
Wohnung
Park
hnung
Wohnung
zu Hause
Heimat
Häuschen
schön
endlich

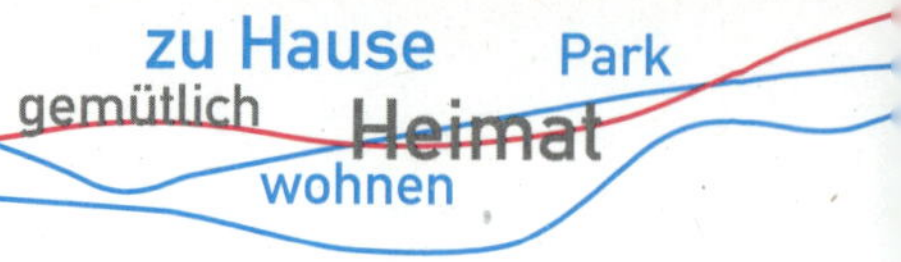

Bedienungsanleitung

Ob neuer Job oder Studium – es verschlägt Dich also nach Aachen! Vieles will überlegt sein: WG oder eigene Bude, Altbau, Neubau oder Hochhaus, willst Du lieber Deine Ruhe oder möchtest Du einen möglichst kurzen Weg in die Innenstadt, zur Vorlesung oder ins Grüne? Was immer Dir bei der Auswahl Deiner neuen Bleibe wichtig ist, alles will bedacht werden.

Aachen ist zwar sicher nicht so gewaltig wie andere (Uni-)Städte, erstreckt sich aber über eine beachtliche Fläche. Die Unterschiede der verschiedenen Stadtteile sind außerdem groß, gerade wenn man bedenkt, dass trotz der quirligen Stadtmitte gut 60 Prozent des Stadtgebiets Grünfläche und eher ländliche Gebiete sind. Wer weiter draußen wohnt, merkt manchmal kaum noch, dass er eigentlich in Aachen lebt.

Dieses Kapitel soll eine Entscheidungshilfe bei der Suche nach DEINEM Viertel sein. Wir stellen Dir alle Bezirke und ihre (teils inoffiziellen) Stadtteile* vor und vermitteln Dir einen Eindruck vom vorherrschenden Flair und dem Lebensgefühl der Bewohner. So siehst Du fast auf einen Blick, ob Du hier wohnen möchtest oder nicht.

Distanz zum Katschhof

Der Katschhof liegt mitten in der Altstadt Aachens zwischen Rathaus und Dom. Direkt nebenan findest Du mit Markt und Münsterplatz auch gleich noch zwei stets belebte Ecken, mit einer Vielzahl an Cafés, Restaurants und Geschäften aller Art. Ebenfalls nur einen Katzensprung entfernt ist der Elisenpark, wo Du bei schönem Wetter Sonne tanken oder Schatten suchen kannst. Selbst im Winter ist

*Vielen Dank für die intensive Beratung an Herrn Roder von der Stadtverwaltung Aachen, Abteilung Geoinformation, Geoservice, Kartographie, Reprographie und Vermessung!

hier dank des Aachener Weihnachtsmarktes einiges los. Die Distanz zum Katschhof zeigt Dir also, wie weit der Weg von Deinem Stadtteil ins Zentrum ist. Ob Du dafür Rad, Bus, Auto oder Schusters Rappen nimmst, hängt aber ganz von Dir ab.

Der besondere Platz

In Aachen wimmelt es nur so von besonderen Plätzen, allerdings muss man diese eben erstmal kennen, um sie zu finden. Damit Dir nicht der Zufall zu Hilfe kommen muss, um auf diese außergewöhnlichen Orte zu stoßen, zeigen wir Dir, wo genau Du suchen musst.

Bezirk Aachen-Mitte

1 Stadtmitte

Distanz zum Katschhof 0–1 km

Ob Studenten, Shopping-Willige, Touris oder Anwohner, die Stadtmitte hat für alle etwas zu bieten. Architektonisch findest Du hier vom Jugendstilbau des Hauptbahnhofs über moderne Bürogebäude und Stadtvillen aus dem 19. Jahrhundert bis zu einfachen Mehrfamilienhäusern alles Erdenkliche vor. Vor allem in der Altstadt stehen noch einige schöne alte Gebäude. Hier kannst Du Dich in einem der unzähligen Cafés, Foodshops und Restaurants stärken und am Markt oder im Elisenpark die Seele baumeln lassen. Auch für Kultur ist gesorgt: Neben drei Theatern gibt es viele Kneipen mit Musik- und anderweitigem Kulturangebot. Wohnen ist nicht überall günstig, jedoch findet sich in dem Gemisch aus Alt und Neu genug geeigneter Wohnraum auch für kleinere Portemonnaies. Schließlich studieren hier auch eine ganze Menge Aachener.

ÄLTESTER KNABENCHOR DEUTSCHLANDS (AACHENER DOMCHOR)

zu Hause Park gemütlich Heimat wohnen

Der nördliche Bereich von Mitte – die Jülicher Straße hinauf Richtung Hüls und Haaren – beherbergt neben dem großen Stadtpark auch viel Sehenswertes von Kultur bis Gewerbegebiet und wird bevölkert von einem bunten Menschengemisch. Auch viele Ur-Öcher bekommt man hier zu Gesicht.

Vokabelprobleme?
s. „Sprachregeln", S. 228

Der besondere Platz

Mitten im Trubel der Stadtbummler und Touristen bietet Dir der **Elisenpark** im ansonsten nicht gerade von Grünanlagen überfluteten Stadtteil die Möglichkeit, ein wenig Luft zu holen, Sonne zu tanken und in Sichtweite von Dom und Elisenbrunnen die Entspannung zu genießen.

2 Pontviertel

Distanz zum Katschhof 0,7 km

Das Pontviertel liegt absolut zentral und hat sich aufgrund seiner Stellung als Aachens Studentenviertel Numero Uno eine besondere Erwähnung verdient. Die Pontstraße vom historischen Ponttor am Alleenring bis zum Markt bietet Aachens wohl dichtestes Nebeneinander von Cafés, Kneipen, Restaurants und Tanzgelegenheiten,

Die meisten Studenten in Aachen

aber auch RWTH-Einrichtungen. Inmitten des studentischen Trubels findest Du auch noch das ein oder andere historische Gebäude und für den kulturellen Anspruch bürgen u.a. das Apollo mit Kino abseits des Mainstreams und das Zeitungsmuseum.

3 Rosviertel

Distanz zum Katschhof 0,5 – 1 km

Ein weiteres, ausgesprochen hübsches (Wohn-)Viertel in unmittelbarer Nähe zur Stadtmitte ist das Rosviertel. Zwischen Jakobstraße und Theaterstraße leben Studenten, Familien und ältere Aachener nebeneinander. Geprägt ist das Viertel von kleineren Straßen, an denen in lockerem Wechsel Alt- und Neubauten stehen. Dank der zentralen Lage bist Du hier mit allem versorgt, was Du zum Leben so brauchen könntest und ansonsten mit Bus und Bahn schnell da, wo Du hin möchtest. Im Rosviertel liegen außerdem mit dem Jakobshof, dem Mörgens und der Kneipe Last Exit gleich drei beliebte Treffpunkte für Musik- und Theaterfreunde.

Der besondere Platz

Das Wohnprojekt **Wohnsinn e.V.** betreibt mitten im Viertel ein selbstverwaltetes Gemeinschaftswohnprojekt mit Wohnraum für ca. 30 Menschen, Gemeinschaftseinrichtungen und Nachbarschaftscafé. www.wohnsinn-aachen.org

4 Aachen-West

Distanz zum Katschhof 1,2 bis 2,4 km

Zwar liegt der Bahnhof West eher am Fuß der Hörn, doch von dort zieht sich Aachen-West um den Stadtteil Königshügel herum bis zur Vaalser Straße; was genau Aachen West aber ist, ist schwer zu definieren. Die Gegend um den Bahnhof wird – soviel steht fest – in Zukunft einen neuen Namen erhalten.

Im Westviertel findest Du, von der Turmstraße kommend, Altbauten, Nachkriegshäuser und auch einige Neubauareale. Hier wirst Du viele Studenten treffen – besonders nahe Innenstadt und Uni –, auch weil die Mieten eher moderat ausfallen. Bei warmem Wetter ist der Westpark eine beliebte Anlaufstelle für Sonnenanbeter, Entenfütterer und Freunde von Grillwaren. Am westlichen Rand schließlich, auf beiden Seiten der Vaalser Straße, befindet sich auch der große Westfriedhof, auf dem es sich trefflich spazieren lässt, solange man nicht zu einem weniger angenehmen Anlass hier ist.

Der besondere Platz

Die **Bleiberger Fabrik** ist eine engagierte Kultur- und Bildungseinrichtung, deren Programm mit ihren vielen Kursen und Workshops sowohl Kinder als auch Erwachsene anspricht. www.bleiberger.de

5 Burtscheid

Distanz zum Katschhof 1,4 km

„Botsched" ist Aachens Kurzentrum; schließlich steht das „Bad" in Bad Aachen nur deshalb nicht im offiziellen Stadtnamen, weil wir so den ersten Platz im Lexikon pachten können. Der Stadtteil ist einer der beliebtesten Aachens und seine Bewohner kümmern sich liebevoll um ihn. Vermutlich liegt es daran, dass sie sich selbst auch als Burtscheider und nicht nur als Aachener sehen.

Im Stadtteil gibt es zwei große Parks zum Spazieren oder Sonnen, viel Kultur, Baudenkmäler und sehenswerte Heilbrunnen und auch der Stadtwald ist in der Nähe. Daneben findest Du Mehrfamilienhäuser und neuere Wohnanlagen. Burtscheid ist nicht immer günstig, verspricht aber ruhige Lagen (wenn Du nicht gerade hinter dem Hauptbahnhof wohnst), perfekte Anbindung und eigentlich alles, was man so braucht. Hier kannst Du entspannt Kaffee schlürfen, in den kleinen Läden einkaufen oder eine der vielen Veranstaltungen wie das Lichterfest oder die Bänkeltage besuchen.

Unter Burtscheid brodelt es im Erdboden, denn hier sprudeln viele heiße Quellen. Die Kurgäste in den Kurkliniken genießen die Vorzüge des Quellwassers gleich direkt vor Ort im Stadtteil – gesunde Normalbürger müssen mit dem 63° Celsius heißen und kostenlosen Quell-Wasser aus dem Marktbrunnen vorlieb nehmen oder zu den Carolus-Thermen auf der anderen Seite der Innenstadt fahren.

HEIßESTE QUELLE MITTELEUROPAS (LANDESBADQUELLE 73,1°)

In Burtscheid wohnen viele Familien mit Kindern, aber gerade außerhalb des Burtscheider Zentrums findest Du zum Beispiel auch als Student Deine Nische, ob allein oder in einer WG.

Der besondere Platz

Selbst von vielen Aachenern noch nicht entdeckt ist der Bürger- und Jugendpark **Moltkebahnhof** auf einem stillgelegten Bahngelände. Hier kannst Du neben vielen Freizeitmöglichkeiten auch einen „Wildnispark" entdecken und erforschen.

6 Frankenberg

Entfernung zum Katschof 1,5 km

Frankenberg ist Aachens buntes Viertel! In kaum einem anderen Teil von „Oche" wird man ein größeres Gemisch an Einwohnern und Baustilen finden. Die vielen Altbauten etwa zeigen verschiedenste architektur-geschichtliche Moden. Ein Kuddelmuddel, das schon so manchen Puristen erbleichen ließ, als Gesicht des Viertels aber Charme und Charakter zeigt. Noch heute mischen sich die Frankenberger gerne in Bebauungspläne ein. Eigeninitiative und aktives Zusammenleben machen das Viertel aus. Neben echten Öchern und Studis sind es vor allem junge Familien, die das alternativ-kreative Sammelsurium an Menschen im Viertel stellen.

Wohnen lässt es sich in diesem Idyll aber leider nicht mehr ganz so günstig. Doch finden sich im Frankenberger durchaus noch Nischen, vor allem für WG-willige Studenten. Das Viertel bietet viele Kneipen, eine Menge Kultur und zwei der besten Eisdielen der Stadt. Außerdem lockt der Park mit der dazugehörigen Burg und die Herz-Jesu-Kirche, im Volksmund „Frankenberger Dom", ist eine der schönsten Kirchen der Stadt.

Der besondere Platz

Zwischen Park und „Frankenberger Dom" befindet sich der **Neumarkt**, sozialer Mittelpunkt des Viertels. Hier treffen sich die Frankenberger zum Plaudern, auf eine Partie Boule oder um sich per Zettelkasten am viertelinternen Buschfunk zu beteiligen.

7 Rothe Erde

Entfernung zum Katschhof 1,7 bis 2,7 km

Rothe Erde und sein Ruf, das ist so eine Geschichte für sich. Für die einen gilt dieser Stadtteil als mehr oder weniger gefährlicher Problembezirk, andere verweisen auf viele integrative Projekte und das einträchtige Miteinander der verschiedenen Nationalitäten, den Industriestandort Rothe Erde und den ganz eigenen Charme dieses Multi-Kulti-Viertels. Fakt ist, dass es hübschere Gegenden gibt, aber dafür wohnst Du günstig und bist schnell in der Stadt. Wo Du zumindest zum Einkaufen allerdings nicht mal unbedingt hin musst, denn das Viertel beherbergt gleich zwei große Einkaufszentren.

Die Einwohner sind altersmäßig bunt gemischt: Hier leben relativ viele Senioren, doch die günstigen Mieten ziehen auch immer wieder Studenten und anderes Jungvolk an.

Wie im Nordviertel leben auch hier viele alteingesessene Aachener mit ihrem ganz eigenen knorrigen Charme. Viele Imbissbuden locken noch zu später Stunde und Oches wohl bekannteste Eisdiele, **Delzepich** (Adalbertsteinweg 236), findest Du auch vor Ort. Die hat allerdings nicht so lange auf.

s. „Es ist Sommer!", S. 107

8 Hörn & Königshügel

Entfernung zum Katschhof 1,9 km

Die in den 1930ern entstandene Siedlung Hörn ist vor allem ein Wohngebiet, jedoch auch Heimat einiger RWTH-Einrichtungen, wie etwa dem Rechenzentrum oder dem Studentendorf Königshügel. Hier findest Du zwischen Melatener Straße und Seffenter Weg vor allem kleinere und größere Ein- und Mehrfamilienhäuser, weiter oben auch ein paar größere Wohnblocks und -anlagen sowie Studentenheime und WGs.

Das Nachtleben auf der Hörn ist allerdings nicht unbedingt das berühmteste in Aachen; für den Kneipenbesuch geht man mangels Angeboten in die Stadt, und auch kulturell ist es hier eher überschaubar. „Auf der Hörn" wohnt man eben vor allem, und das im Schnitt zu leicht überdurchschnittlichen Mieten, dafür aber meist schön ruhig und angenehm begrünt. Feinschmecker aufgepasst: Man munkelt, dass die Currywurst in der Mensa Ahornstraße ziemlich lecker sein soll ...

ERSTES HOSPIZ DEUTSCHLANDS

9 Hanbruch

Distanz zum Katschhof 2,3 km

Hanbruch im Westen Aachens, am unteren Ausläufer des Westfriedhofs, liegt zum Teil bereits in dem weiten Grün, das Aachen umgibt. Hier hast Du es eher ruhig, findest viele Wege und Pfade zum Spazierengehen und Wandern – z.B. im nahen Friedrichswald, und wohnst insgesamt relativ günstig. Sportlich kannst Du Dich im Schwimmbecken der Ulla-Klinger-Halle betätigen oder Dein Glück im Hanbrucher Reitverein auf dem Rücken der Pferde suchen. Der Bär steppt hier zwar nicht unbedingt, aber Du bist schnell in der Stadt, wenn Du mehr erleben möchtest.

10 Kronenberg

Distanz zum Katschhof 2,3 km

Südwestlich der Stadtmitte liegt das Viertel Kronenberg. In Richtung Zentrum und auch im südlichen Teil findest Du viel Grün zum Spazieren gehen, Reitmöglichkeiten und eine Schwimmhalle. Weiter westlich, besonders nahe der Grenze zu Steppenberg, stehen auch einige weniger schmucke Wohnblöcke und Mehrfamilienklötze.

Allerdings bemüht sich die Stadt mit dem Projekt „Studentisches

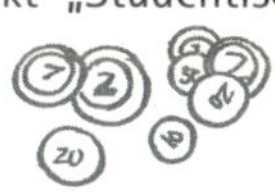

Wohnen auf Zeit" auch Hochschülern auf (erfolgloser) Wohnungssuche in Kronenberg eine temporäre Heimat bieten.

11 Beverau

Distanz zum Katschof 2,7 km

Wer hier wohnt, dem geht es gut. Beverau hat wohl so ziemlich die höchsten Mieten in Aachen, und so dürfte es Dich nicht wirklich wundern, dass hier an den von vielen Bäumen beschatteten Straßen eine ganze Menge bedingt günstige Einfamilienhäuser stehen. Doch wenn man die umliegenden grünen Landschaften um den Nellessen-Park und das nahegelegene Drimborner Wäldchen betrachtet, erscheint das auch wenig überraschend.

Die Beverauer und auch die Bewohner des nahegelegenen Wohngebiets Buschhausen genießen ihre Ruhe und die Natur. Mit dem Bus bist Du trotzdem in relativ kurzer Zeit in der Stadt oder überall sonst, wo Du hin möchtest, doch solltest Du tatsächlich hier wohnen, ist Mobilität vermutlich ein untergeordnetes Problem für Dich.

12 Siegel

Distanz vom Katschof 2,7 km

Siegel ist im Wesentlichen die Gegend um den Verkehrsknotenpunkt „Siegel". Klingt laut und hektisch, ist aber tatsächlich nicht so schlimm, wie die Konstellation vermuten lässt. Ringsum, vor allem Richtung Süden, findest Du viel Grün und auch ansonsten lebt es sich hier sehr anständig. Großartiges (studentisches) Nachtleben musst Du aber woanders suchen.

13 Steinebrück

Distanz zum Katschhof 3 km

Auch in Steinebrück wirst Du vor allem viel Grün finden – und das nicht nur, weil der Bezirksbürgermeister ein Grüner ist. Hier findest Du mit dem idyllisch gelegenen Waldstadion eine hervorragende Adresse für Leichtathletik, wo Du als Freizeitjogger sogar die Gelegenheit hast, in den dunklen Stunden des Jahres bei Stadion-Beleuchtung Deine Runden zu drehen. Sportlich betätigen kannst Du Dich auch nach Herzenslust am Flüsschen Wurm beim Wandern, Laufen oder Rad fahren.

Zum Einkaufen musst Du nicht unbedingt in die Stadt, denn die alltäglichen Basics bekommst Du direkt im Stadtteil. Ein Streitpunkt ist allerdings der Jahnplatz an der Kreuzung der beiden großen Ringstraßen, der vielen Steinebrückern wenig ästhetisch erscheint.

14 Ronheide

Distanz zum Katschhof 3,3 km

Insgesamt kannst Du davon ausgehen, dass das Wohnen in Ronheide ziemlich teuer, aber auch sehr charmant ist. Viele der hier stehenden Häuser bzw. Villen sind wirklich schön anzusehen. Fallen die Mieten im Bereich um den Hangeweiher noch erschwinglich aus, wird es weiter „unten" zunehmend exklusiver. Nicht umsonst gilt Ronheide auch als das Feine-Leute-Viertel Aachens. Wenn Du hier wohnst, hast Du vermutlich keinerlei Geldsorgen.

Das Südviertel des Stadtteils ist eine eher ruhige Ecke; im Sommer allerdings sind zumindest das Freibad am Hangeweiher und der umgebende Kaiser-Friedrich-Park hochfrequentiert. Auch die Aachener Volkssternwarte hat hier ihren Platz.

Eisenbahnenthusiasten schließlich kennen Ronheide als Standort einer der ältesten Steilstrecken Deutschlands, die durch die zwei Röhren des sogenannten Buschtunnels verläuft.

15 Forst

Distanz zum Katschhof 3,5 km

Weniger beschaulich, aber auch weniger kostspielig, geht es in Forst zu. Der Stadtteil rund um die breite Trierer Straße bietet einige Kontraste: Direkt um besagte Straße findest Du vor allem Geschäfte und Wohnhäuser, weiter draußen auch nicht so hübsche Wohnblocks, das Gewerbegebiet Forst und direkt an der A44 dann Krummerück, das unter teils beträchtlichem Autobahnlärm leiden muss.

Hier wohnst Du etwas günstiger als um die Ecke in Beverau, hast es aber ebenfalls nicht weit, wenn Du ins Grüne willst: Nellessenpark, Beverbach und das hübsche Gut Schönthal sind alle in der Nähe. In Forst findest Du aber auch denkmalgeschützte Wohnhäuser und Höfe, wie etwa den neugotischen Eingang zum „Eicher Stollen“. Die Verkehrsanbindung in Forst ist hervorragend: Gleich mehrere Buslinien steuern

sowohl die Stadt als auch das nähere Umland an. So hast Du es nie zu weit, egal, was Du vorhast.

Der besondere Platz

Forst ist Heimat des Aachener Tierparks **Euregiozoo**, einem bei Jung und Alt beliebten Ausflugsziel. Der Zoo bietet eine willkommene Abwechslung zur Betriebsamkeit der Stadt und ist auch für einen Sonntagsspaziergang mit Kater geeignet. www.euregiozoo.de

s. „Sonntage", S. 160

16 Lintert

Distanz zum Katschhof 4,2 km

Lintert ist ein ziemlich kleines Wohngebiet am südöstlichen Rand von Aachen-Mitte. Umgeben von viel Wald und Feldern, ist hier insgesamt eher wenig los: Ein Friedhof, ein paar Wohnhäuser und viel Natur, das ist Lintert. Doch bietet dieser Stadtteil auch einen besonderen Ort, der das umliegende Grün gemeinnützig zu nutzen weiß:

Der besondere Platz

Die **Hazienda Arche Noah** des Vereins „Rocker und Biker gegen Krebs" ist ein rollstuhlgerechtes Freizeitgelände für kranke und behinderte Kinder. www.hazienda-arche-noah.de

EUROPAS ERSTES BARRIEREFREIES BAUMHAUS (HAZIENDA ARCHE NOAH)

17 Driescher Hof

Distanz zum Katschhof 4,8 km

Driescher Hof ist noch keine sechzig Jahre alt. Solltest Du hier leben, kannst Du Dich über eine hervorragende Anbindung an die Innenstadt aber dank A44 auch Richtung Eifel freuen. Den besten Ruf hat der Stadtteil allerdings nicht, was auch an dem recht hohen Anteil von Sozialwohnungen und der suboptimalen Nutzung der zahlreichen Grünflächen liegt. Viele Driescher begegnen dem aber mit Bemühungen um ein schöneres Äußeres des Ortsteils. Der teils noch erhaltene 70er-Jahre-Charme ist trotzdem womöglich nicht jedermanns Sache.

18 Preuswald

Distanz zum Katschhof 4,9 km

In den 1960ern und 70ern als schmuckes Wohnprojekt am Aachener Wald errichtet, ist Preuswald heute ein Wohngebiet mit Licht- aber auch bemerkbaren Schattenseiten. Architektonisch ist der Stadtteil mit seinen Blockbauten auf den ersten Blick nicht gerade ansprechend und so wohnen hier auch vor allem sozial schwächere Menschen, viele, viele Kinder, aber auch viele ältere Menschen. Die Lage inmitten von Grün mit zahlreichen Wanderwegen und Radstrecken ist aber sehr reizvoll.

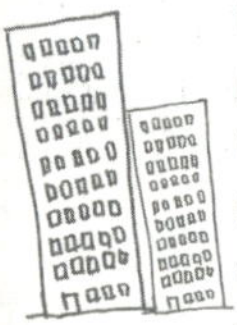

Um die Lebensqualität im Viertel zu verbessern, zeigen die Preuswalder Engagement und Zusammenhalt. Man ist entschlossen, sich nicht unterkriegen zu lassen, engagiert sich ehrenamtlich und

feiert gemeinsame Feste. Auf Sportsfreunde wartet außerdem der Kletterwald-Aachen.

Der besondere Platz

Ein ziemlich großer besonderer Ort ist der Aachener Wald, der natürlich nicht nur Preuswald alleine gehört. Spazieren und Wandern – mit und ohne Hund – Klettern, Joggen, Schnitzeljagd und was man sonst noch im Wald veranstalten kann: Hier hast Du ein riesiges Gebiet zum Austoben.

19 Bildchen

Distanz zum Katschhof 5,6 km

Bildchen liegt direkt an der Grenze zum belgischen Kelmis und ist wirklich, wirklich klein: Nur ein paar Häuser an der Straße und schon ist man wieder draußen. Die wenigen Einwohner leben mitten im Grünen am Aachener Wald. Auch kulturell ist es eher still in Bildchen: Das Büro des Aachener Kammerorchesters ist zwar vor Ort, die Spielstätte aber nicht. Ansonsten gibt es über Bildchen leider eher wenig zu sagen. Ruhig ist es und wen eine mittellange Busfahrt nicht stört, der kann hier vielleicht ein nettes Fleckchen finden.

20 Hitfeld

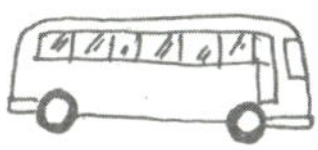

Distanz zum Katschof 5,6 km

Viele Felder und Höfe, Lintert und das winzige Eich im Nachbarbezirk Kornelimünster/Walheim als Nachbarn: Hitfeld passt ins Bild von ländlicher Idylle und Beschaulichkeit. Etwas weniger gut hinein passt da das ehemalige belgische Militärgelände Camp Astrid, wo die Stadt seit längerem plant, ein Solarfeld aufzubauen – bisher erfolglos. Bekannt ist ansonsten noch der Verein „Schützen Hitfeld", der seine Künste mit Flinte und Armbrust pflegt. Falls Dich das interessieren sollte ...

21 Köpfchen

Distanz zum Katschhof 5,8 km

„Das Köpfchen" ist ein alter Grenzübergang nach Belgien am Rand des Aachener Waldes. Mit Relikten der alten Grenze und des Westwalls findest Du hier einen schönen Ort für Spaziergänge und Erholung. Kulturbeflissene freuen sich über die Räume des Vereins KuKuK, der diesen Standort als „Raum für Kunst und Kultur" nutzt. Ohne den Grenzübergang hat Köpfchen sich insgesamt jedoch etwas abgenutzt: Viele Menschen leben hier nicht und dementsprechend ruhig geht es zu. www.kukukandergrenze.org

22 Grüne Eiche

Distanz zum Katschhof 6,2 km

Dieser Stadtteil ist ein wirklich kleines Wohngebiet südlich des Augustinerwaldes rund um die zur belgischen Grenze führende gleichnamige Straße, aber immerhin mit eigenem Ortseingangsschild. Welches dann auch gleichzeitig das Ortsausgangsschild ist. Im nahen Belgien kann man etwas günstiger tanken, die Schokolade drüben ist ebenfalls nicht zu verachten und ansonsten lebt es sich hier vor allem ruhig und etwas ab vom Schuss.

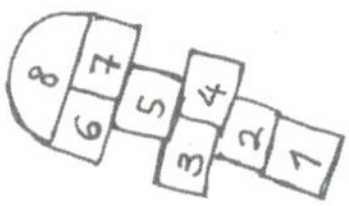

Dafür hat man es angenehm grün drum herum, was manchem wichtiger sein mag als pulsierendes Studentenleben.

Bezirk Haaren

1 Haaren

Distanz zum Katschhof 3,8 km

Direkt im Anschluss an Aachens Nordviertel findest Du das beschaulichere Haaren. Es ist zwar eher ein kleines Städtchen für sich, aber von hier hat man es dennoch nicht weit zum Zentrum von Aachen. Neubaugebiete und alte gewachsene Strukturen sind in Haaren gut miteinander zusammengewachsen.

Hier lebst Du etwas abseits vom innerstädtischen Trubel, hast aber trotzdem fast alles direkt vor der Haustür, egal ob Tante-Emma-Laden oder Sonnenstudio. Der Altersdurchschnitt ist vielleicht etwas höher und auch deshalb geht es noch etwas betulicher zu – nur böse Zungen würden „provinzieller" sagen. Dafür wohnst Du durchaus günstig. Besichtigen kannst Du in Haaren unter anderem den Jüdischen Friedhof, viele Baudenkmäler, den alten Zehnthof oder die Welsche Mühle.

SCHÖNSTE MÜHLE DER STADT

2 Hüls

Distanz zum Katschhof 3,8 km

Es ist nicht mit Sicherheit bekannt, ob der Friedhof Hüls mehr „Einwohner" hat als der Rest des Viertels, aber er ist definitiv der größte der Aachener Gottesäcker. Ansonsten besteht die Hüls vor allem aus Gewerbegebiet, Kleingärten und ... sonst nicht wirklich viel.

In Hüls, direkt gegenüber des Friedhofs, befindet sich auch eine Haltestelle für Fernbusse, die Dich in verschiedene deutsche Städte, aber auch zu vielen Zielen in den westlichen Nachbarländern, Frankreich, England oder auch Osteuropa bringen. Allerdings steuern nicht alle Busreiseanbieter die zugegeben nicht unbedingt zentral liegende Haltestelle an, weswegen die Stadt nach Alternativen sucht.

3 Verlautenheide

Distanz zum Katschhof 5,6 km

Verlautenheide ist ein größeres Dorf mit gut 3500 Einwohnern. Hier wohnst Du ländlich und noch ein Eckchen provinzieller. In Verlautenheide ist, man kann es kaum verleugnen, an sich wenig los, und für die meisten Freizeit- und Kulturaktivitäten musst Du pendeln. Alles für den täglichen Bedarf wirst Du aber finden, und zum Einkaufen ist die Nachbarstadt Würselen direkt

um die Ecke. Auch ist der Wohnraum hier günstiger zu haben, und die umliegenden Felder und der Haarener Wald östlich des „Quinx" genannten Ortsausganges bieten viel Natur.

Bezirk Laurensberg

1 Die Soers

Distanz zum Katschhof 2,7 km

Die Soers – den Artikel bitte immer mitbenutzen! – ist eine Gegend, die sich trotz der Nähe zu Autobahn und Krefelder Straße immer noch viel von ihrer Naturlandschaft bewahrt hat. Hier steht ein kleines Wohngebiet, umgeben von Feldern und Wiesen, und weiter draußen gibt's das Polizeipräsidium und die JVA, die Du hoffentlich nur von außen sehen musst. Aushängeschild der Soers ist aber der Sportpark, wo neben dem Monument für fehlgeschlagene Investitionen – dem Tivoli – auch das Gelände des CHIO („dat Schio"), Aachens berühmtem, alljährlichem Reitturnier, mit seinen zwei Stadien eine Heimat hat.

In der Soers wohnst Du stadtnah und etwas gehobener und sie bietet, auch wegen des nahe gelegenen Lousbergs, eine hervorragende Kombination aus Urbanität und Idylle.

Der besondere Platz

Der Lousberg am Rande der Soers ist nicht nur bei Joggern und Wanderern sehr beliebt, sondern bietet Dir einen der schönsten Ausblicke Aachens.

2 Melaten

Distanz zum Katschhof 2,8 km

„Melaten, Du Leuchtturm der Wissenschaft", rappte es einst in einer HipHop-Parodie auf YouTube. Angesichts des Physikzentrums der RWTH, des noch ziemlich neuen Campus Melaten sowie der Uni-Klinik ist das gar nicht so weit hergeholt. Das hügelige Melaten beherbergt somit einige der prestigeträchtigsten Objekte der Hochschule, weswegen Du hier tagsüber immer auf eine Menge Studenten und sonstige Uni-Angehörige treffen wirst.

Hinter dem Koloss des Klinikums, Stil postmodernes Spukschloss, beginnen Felder und Wiesen des Naturschutzgebiets, das sich einige Kilometer über und um den Schneeberg bis nach Lemiers und Orsbach zieht. Nirgends sonst bekommst Du den Kontrast zwischen Land und Stadt, der Laurensberg ausmacht, deutlicher präsentiert. Hier steht auch das Gut Melaten, ein alter Siechenhof für

Europas größter zusammenhängender Klinikbau

Leprakranke und andere unwillkommene Gäste, in dem unter anderem aber auch der historische Karlsgarten zu finden ist.

Der besondere Platz

Meisterwerk oder Klotz ... Ästhetisch scheiden sich am Uniklinikum die Geister. Etwas Besonderes ist dieser Bau mit seiner Heli-Plattform („Die Hand Gottes") aber in jedem Fall.

3 Steppenberg

Entfernung zum Katschhof 2,9 km

Steppenberg ist eine recht kleine, schmucke Wohnsiedlung westlich der Vaalser Straße und liegt damit sehr stadtnah. Hier wohnen die Menschen vor allem in kleinen Einfamilienhäusern, man bemüht sich um angenehme Begrünung und dank der guten Anbindung hat man alles, was man braucht, sehr schnell erreicht.

4 Gut Kullen

Distanz zum Katschhof 3 km

Im Bereich Melaten, gegenüber Steppenberg, liegt auch das Wohngebiet Gut Kullen, das Menschen aus fast 100 Nationen beherbergt und daher seinen Spitznamen „Vereinte Nationen in klein" weg hat. Hier befindet sich neben den Wohnanlagen und -blocks auch das gleichnamige Studentenwohnheim, was diesem Bereich Aachens auch zu studentischem Leben verhilft. Dank der Nähe zur Vaalser Straße ist man bei Bedarf zudem schnell in der Stadt.

5 Laurensberg

Distanz zum Katschhof 3,2 km

Laurensberg ist der Hauptort des flächenmäßig größten Bezirks und daher auch namensgebend. Wie viele der nicht innerstädtischen Stadtteile, ist auch er von einer ganzen Menge Natur umgeben. Dieser Umstand, plus die meist noch günstigen Mieten, macht Laurensberg zu einem der am schnellsten wachsenden Teile Aachens, landen doch hier statistisch die meisten Zugezogenen.

Du findest im Stadtteil viele Ein- und Mehrfamilienhäuser und dank der Roermonder Straße bist Du sowohl Richtung Stadt als auch Land schnell mobil. In Laurensberg wohnt deshalb auch, wer weder zu weit draußen, noch zu weit von der Natur hausen möchte, ohne dabei zu viel bezahlen zu müssen. Vom Kirchberg aus – früher stand dort ein römisches Heiligtum – hast Du einen netten Ausblick auf die umliegende Gegend.

6 Seffent

Entfernung zum Katschhof 3,4 km

Ebenfalls mitten in der Natur liegt Seffent, wo sich auch schon die alten Kelten rumtrieben. Hier speisen die Siebenquellen den durch den Bezirk Laurensberg fließenden Wildbach. Gerade einmal rund 200 Menschen leben

im Stadtteil, verteilt um die heute als Wohnhaus und Restaurant dienende Burg Seffent. Die Wohnungen sind nicht immer günstig, dafür aber in unmittelbarer Nähe zum Naturschutzgebiet. Die Burg Seffent ist deshalb als Ziel oder Zwischenstopp bei Wanderungen und Spaziergängen sehr beliebt.

7 Vaalserquartier

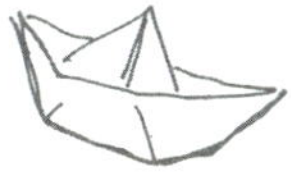

Entfernung zum Katschhof 4,0 km

Das Vaalserquartier liegt direkt an der Grenze zum niederländischen Vaals und an der Bundesstraße. Es ist zwar klein, aber dank seiner Lage und der Nähe zur Stadt sowie den wissenschaftlichen Einrichtungen in Melaten alles andere als dörflich. Tatsächlich hat es von all den kleinen Orten im westlichen Laurensberg vermutlich die beste Infrastruktur. Zusätzlichen Reiz erhält der Stadtteil durch die vielen Sport- und Freizeitmöglichkeiten des Umlandes rund um den Vaalserberg (Hollands höchste Erhebung). Hier wird nicht nur gewandert und geradelt, Du findest auch Teiche zum Angeln oder kannst im Winter langlaufen gehen.

Der besondere Platz

Fast um die Ecke – nur etwa zwei Kilometer entfernt – liegt das Dreiländereck zwischen Deutschland, Belgien und den Niederlanden, ein beliebtes Ausflugsziel für Besucher und Einheimische.

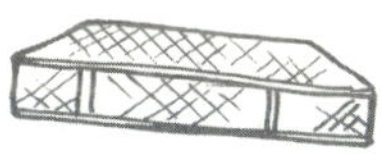

8 Vetschau

Distanz zum Katschhof 5,3 km

Zwar deutet sich ein langsamer Bevölkerungszuwachs an, wohl wegen der relativen Stadtnähe bei gleichzeitiger Landruhe, dennoch wirst Du in Vetschau nur das Allernötigste an Infrastruktur finden. Und das trotz der nahen Autobahn. Hier lebt man genügsam und Traktoren und Pferde sind oft gesehene Fortbewegungsmittel. Zu diesem Bild passt, dass Vetschau zwar einen Bahnhof hat, dort aber keine Züge mehr halten.

Besichtigen kannst Du im Stadtteil die Niernsteiner Höfe und eine alte Windmühlenruine. Aber natürlich stehen hier auch durchaus modernere Wohnhäuser und nicht nur alte, knarrende Hütten.

9 Lemiers

Distanz zum Katschhof 6,2 km

Das Dorf Lemiers ist teils holländisch, teils deutsch, liegt also direkt auf der Grenze und erfreute sich in früheren Zeiten bei Schmugglern größter Beliebtheit, die ihre Waren über den Senserbach schafften. Heute hat Lemiers mit seinen etwas über 1000 Einwohnern weniger aufregend-verwegenes Flair, dafür aber lebt es sich hier sehr ruhig und ländlich, was für manche ja auch nicht so schlecht ist.

Nebenbei kannst Du in Lemiers immerhin ein paar historische Gebäude wie die Saalkirche aus dem 12. Jahrhundert oder die alte Wasserburg besichtigen.

10 Orsbach

Distanz zum Katschhof 6,7 km

Etwas nördlich vom Grenzort Lemiers und deutlich höher liegt das kleine Orsbach. In dem Örtchen auf dem Hügel leben keine 1.000 Menschen. Dafür laden das Naturschutzgebiet Orsbacher Wald und das Umland zu Wanderungen ein – und was man sonst in der freien Natur so macht. Willst Du der ländlichen Idylle entfliehen, sind die nicht ganz sieben Kilometer in die Stadt aber auch zügig zuückgelegt. Orsbach war bis vor nicht allzu langer Zeit noch Standort einer der größten Nerzfarmen Deutschlands, die 2011 zur verständlichen Freude aller Tierfreunde eingestellt wurde.

Bezirk Richterich

1 Richterich

Distanz zum Katschhof 4,0 km

Trotz seines ländlichen Ursprungs erwartet Dich im alten Richterich kein langweiliges Dorf, sondern ein Stadtteil mit hoher Lebensqualität. Hier und da findest Du noch Spuren des eher kurzlebigen Bergbaus in

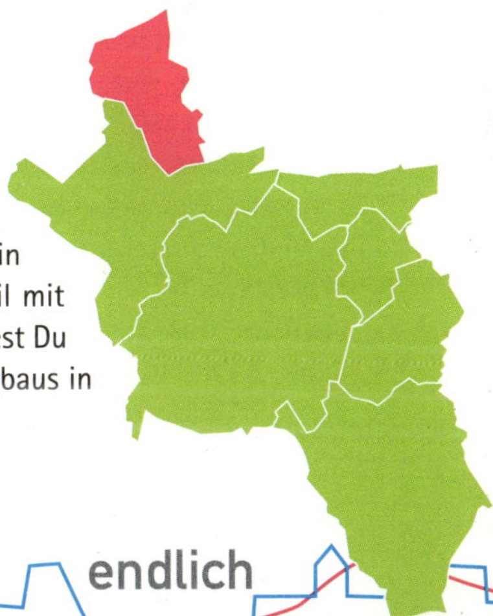

der Gegend und außerdem viele Baudenkmäler, wie das malerische Schloss Schönau.

Die Natur ist stets um die Ecke, Freizeitmöglichkeiten gibt es zur Genüge, die Anbindung an die Stadt ist gut, und ob nun Wohnung oder Haus, die Mieten sind im Schnitt erschwinglich. Besonders mit Kindern lebt es sich hier gut, denn die Verkehrssituation ist recht entspannt, die Nachbarschaft freundlich und uniforme, anonyme Wohngebiete gibt es nicht.

An die Grenze zu Vetschau im Nachbarbezirk Laurensberg kuschelt sich noch die winzige Siedlung Huf, deren Bewohner in dezenter (Selbst-)Ironie trotzdem ihr eigenes Ortsschild gebastelt haben.

2 Horbach

Distanz zum Katschhof 7,0 km

Nördlich von Richterich findest Du das von Feldern und Wiesen umzingelte Horbach. Hier wohnt man ebenfalls eher entspannt – manche würden vielleicht betulich sagen – doch eben auch sehr hübsch. Zumal Horbach nicht nur ländlichen Frieden, sondern mit dem Zollmuseum Friedrichs, der Wasserburg Haus Heyden und der Akademie für Handwerksdesign im restaurierten alten Gutshof Rosenberg durchaus interessante Anlaufpunkte für Kultur und Wirtschaft bietet. Architektonisch prägen besonders Einfamilienhäuser mit großen Grundstücken das Bild.

ERSTES GRENZÜBERSCHREITENDES GEWERBEGEBIET EUROPAS (AVANTIS)

Bezirk Eilendorf

1 Nirm

Distanz zum Katschof 5,2 km

Der kleine Nordteil des Bezirks, oberhalb des winzigen Bahnhofs, verbindet Eilendorf mit der dahinter liegenden, grünen Idylle. Von hier aus kommt man schnell Richtung Verlautenheide, hat es ansonsten aber genauso beschaulich wie im Nachbarstadtteil. Historisch interessant sind die alte Nirmer Mühle und der Nirmer Tunnel, der laut lokalem Mythos als alte Grenzmarkierung den Kölnern „klaa mache" sollte, wo das Rheinland aufhört.

2 Eilendorf

Distanz zum Katschhof 6,7 km

In Eilendorf wohnen neben Familien auch noch relativ viele ältere Menschen, alteingesessene Eilendorfer eben. Studenten wird man hier seltener antreffen, denn es ist ehrlich gesagt ziemlich wenig los – abgesehen von einem blühenden Vereinsleben. Und trotz der

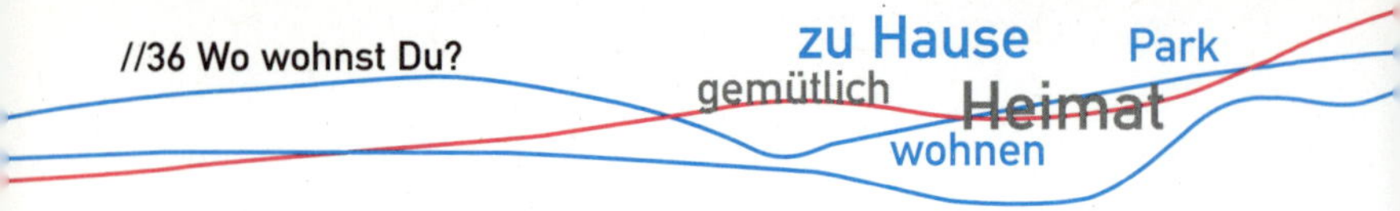

guten Verkehrsanbindung sind die Uni und das studentische Treiben nicht gerade nah.

In Eilendorf findest Du in den verwinkelten Straßen noch einige alte, schöne Häuser wie die Villa Kuckelkorn oder das Pannhaus. Insgesamt sind hier Alt und Neu aber recht organisch miteinander verwachsen. Der Blick nach Osten geht auf weite Felder und das Naturschutzgebiet Würselener Wald. In Richtung Innenstadt geht der Stadtteil nahtlos ins industriell geprägte Rothe Erde über.

Der besondere Platz

Der Wolfsberg, auch „Gottes Segen" oder schlicht „Knopp", liefert eine herrliche Aussicht über fast ganz Aachen und das Umland und zieht je nach Jahreszeit Wanderer, Sonnenanbeter oder Rodler an.

Bezirk Brand

1 Brand

Distanz zum Katschhof 5,8 km

Eine gewisse Eigensinnigkeit und Sturheit sind die angeblichen Markenzeichen der Brander. So ist ihr Symbol der Brander Stier, dessen lebensgroße Bronzeskulptur den Marktplatz ziert. In der Tat ist Brand ein ziemlich hübscher Fleck, man kann seinen Bewohnern es also nicht übelnehmen, wenn sie keine Veränderungen mögen.

Die manchmal etwas laute Trierer Straße ist das Herzstück und die größte Einkaufszeile des Ortes. Hier und in den umliegenden Straßen und Gassen findest Du alles, was das Herz begehrt. Abseits der Trierer finden sich viele hübsche Wohngebiete, und wie bei den

meisten Aachener Außenbezirken lockt die Natur mit Indetal und Brander Wald vor der Haustür. Die hohe Wohnqualität hat viele junge Familien und andere Zugezogene nach Brand gelockt, und sogar einige Studenten wohnen hier. Kulturell macht sich Brand unter anderem durch ein eigenes Theater bemerkbar.

2 Freund

Distanz zum Katschhof 6,4 km

Das direkt an Brand anschließende Freund ist eine kleine, ruhige Oase, für die man aufgrund der räumlichen Nähe – die Ortschaften gehen praktisch ineinander über – nur sehr bedingt angeben kann, was sie genauer vom eigentlichen Brand unterscheidet. Hier ist es vielleicht noch ein wenig entspannter, gemächlicher und nicht ganz so lebhaft wie rund um den Brander Markt. So wirkt Freund eher wie ein Wohngebiet, nicht wie ein eigener Stadtteil.

3 Niederforstbach

Distanz zum Katschhof 6,5 km

Was für Freund gilt, gilt auch für Niederforstbach: Es ist vor allem ein Wohnviertel, das ähnlich wie Brand und Freund hier und da immer noch Zuwachs bekommt. Einkaufen und was erleben kannst Du ja zum Glück in Brand oder in der Innenstadt.

4 Krauthausen

Distanz zum Katschhof 8,2 km

Das kleine, am Rande der Nordeifel gelegene Krauthausen ist ein sehr ländlicher Teil des Bezirks. Hier lebst Du dörflich ruhig, ohne großen Stadtstress, hast es aber eben auch weiter, wenn es mal etwas mehr Aufregung sein darf. In Krauthausen stehen noch viele hübsche, aus Blaustein errichtete Häuser. Den meisten Lärm veranstaltet vor Ort der Kirmesverein Krauthausen, der alljährlich im Herbst mit seinem insgesamt durchaus konservativ geprägten Veranstaltungsprogramm aus Musik und Tanzdarbietungen zur Party ruft.

Bezirk Kornelimünster/Walheim

1 Eich

Distanz zum Katschhof 6,2 km

Kurz hinter dem benachbarten Bezirk Brand findest Du, entlang der Aachener Straße, die kleine Siedlung Eich. Umgeben von Feldern und Wiesen ist auch dieses Fleckchen von größerer Ruhe und geringerer Lebhaftigkeit geprägt. Ein kleines, feines, aber auch ein wenig langweiliges Stück Aachen zum Wohnen.

2 Oberforstbach

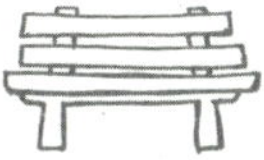

Distanz zum Katschhof 7,1 km

Der am gleichnamigen Bach entstandene Ort ist dank des – vor allem von IT-Unternehmen behausten – Gewerbegebiets um die Pascalstraße etwas weniger ländlich als andere Orte des Bezirks. Mit dem Auto ist Aachens City in gut 15 Minuten erreicht, willst Du nur einkaufen, lassen sich aber auch nähere Ziele finden. Insgesamt ein ruhiger, durchaus netter Wohnort vor allem für junge Familien – weiterführende Schulen gibt's in Oberforstbach selbst nämlich nicht.

3 Lichtenbusch

Distanz zum Katschhof 7,7 km

Die Hälfte dieses Örtchens ist belgisch, die andere gehört zu Aachen. Wohl aufgrund der Grenzlage hat Lichtenbusch eine Vergangenheit als Nadelöhr der Kaffeefahrten. Busse voll mit (meist) Nicht-Aachenern rollten hier über die Grenze, damit die Insassen kostensparend Kippen und Kaffee eintüten konnten. Heute blüht dafür der Spritttourismus. Inzwischen ist Lichtenbusch ein wachsender Wohnort, der vor allem junge Familien anlocken will. Dementsprechend ist es hier ein bisschen weniger spießig

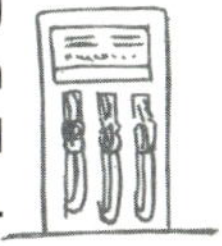

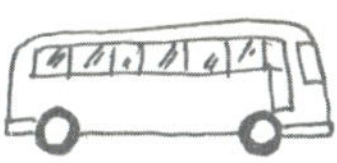

und es bieten sich Dir ruhige, naturnahe Wohnmöglichkeiten. Wenn Du schon mal da bist, kauf Dir auf jeden Fall ein paar belgische Pralinen.

4 Schleckheim

Distanz zum Katschhof 7,9 km

Das recht kleine Schleckheim ist noch sehr ländlich geprägt, was auch die zahlreichen Bruchstein-Höfe zeigen; allerdings ist die einst so wichtige Landwirtschaft inzwischen fast völlig verschwunden und hat industriellen Arbeitgebern Platz gemacht.

Schleckheim ist heute ein wachsender Ort für jene, die gerne etwas abgelegener leben, ohne zu lange in die Stadt zu brauchen. Die alte Dreifaltigkeitskapelle ist aber immer noch Mittelpunkt des Ortes. Für den Historiker in Dir sind die zwei Wegekreuze aus dem typischen Blaustein interessant, denen Du an der Straße nach Kornelimünster begegnest.

5 Kornelimünster

Distanz zum Katschhof 8,4 km

Kornelimünster mit seinem historischen Stadtkern ist ein perfektes Beispiel für den Preis der Idylle, den Du in diesem Bezirk zahlen musst. Hier lässt es sich schön wohnen, das Stadtteilzentrum mit seinen

Cafés und den alten, sanierten Häusern ist hübsch anzusehen und in kaum einem anderen Aachener Stadtteil wirst Du mehr Ausflügler antreffen. Doch gleichzeitig hast Du kaum gute Einkaufsmöglichkeiten.

Wenn Du hier wohnst, wirst Du Deine Erledigungen also auswärtig tätigen müssen. Aber das ist es vielleicht wert, denn Du findest im an Parks, Wäldern und sonstigem Grünzeug ohnehin nicht armen Aachen kaum mehr Wandermöglichkeiten und malerische Strecken für die Erkundung mit dem (Motor-)Rad als hier. Auch die stillgelegte Vennbahntrasse, die Dich heute als Radwanderweg bis Belgien und Luxemburg bringt, führt direkt an Kornelimünster vorbei.

Der besondere Platz

Vielleicht kein Geheimtipp mehr, aber trotzdem einen Ausflug wert ist die alte römische Ausgrabungsstätte Varnenum, die Du frei erkunden kannst. www.archaeologie-aachen.de

--> Geschichte
--> Ausgewählte Fundorte

6 Nütheim

Distanz zum Katschhof 8,8 km

Das neben Schleckheim liegende Örtchen ist im Gegensatz zum Nachbarn, mit dem man sich die Kapelle teilt, noch stärker von der Landwirtschaft geprägt und auch dörflicher. Die Wege der Vennbahntrasse laden zum Wandern und Radfahren ein, weitere Wander- und Radwege liegen in der Nähe. Außerdem wartet Nütheim mit einem Schützen- und einem Sportverein sowie einer eigenen Bigband auf.

7 Walheim

Distanz zum Katschhof 10,2 km

Walheim versteht sich keinesfalls als dörflicher Anhang zum Stadtgebiet, sondern hat sich zu einem eigenen, wenn auch kleinen Städtchen gemausert. So ist Walheim zwar weit weg von der Aachener Innenstadt, aber trotzdem mit vielen Einkaufsmöglichkeiten gesegnet. Du kannst also bei einem kleinen Bummel auf der Prämienstraße Dein Geld auch direkt im Stadtteil lassen.

Austoben oder Entspannen kann man sich auf dem Freizeitgelände Walheim im alten Steinbruch. Und falls Du ein Herz für Industriegeschichte hast, solltest Du den alten Kalköfen entlang des Kalkofenwegs einen Besuch abstatten.

8 Hahn

Distanz zum Katschhof 10,7 km

Zusammen mit dem Schwesterstadtteil Friesenrath liegt das kleine Hahn am Rande des Brander Waldes. Hahn ist einer der vielen Teile Aachens, die vor allem als Wohnort fungieren und vom Ambiente her eher dörflich daherkommen. Hier gibt es nicht viel, nur eine Handvoll Vereine, viel Grün und die örtlichen Blausteinwerke, die Dir auf Wunsch z.B. Deinen eigenen Blausteinbriefkasten fertigen.

www.blausteinwerk.de

9 Friesenrath

Distanz zum Katschhof 11,0 km

Die eher dörfliche Ortschaft hat vor allem viel Historisches zu bieten. In Friesenrath findest Du neben dem Friesenrather Schloss viele schöne alte Gebäude wie die Alte Schule oder die Kapelle St. Bernhard sowie das Kriegerdenkmal. Wie Hahn blickt auch dieser Stadtteil auf eine bis in die Römerzeit reichende Geschichte zurück. Praktisch direkt von der Haustür aus kannst Du unter den Bäumen des Deutsch-Belgischen Naturparks wandeln.

10 Schmithof

Distanz zum Katschhof 11,1 km

Das direkt am Wald liegende Schmithof ist zwar ziemlich abgelegen, befindet sich dafür aber direkt an einem schönen Naturschutzgebiet. Um die Ecke liegt ein ehemaliger Steinbruch, ein wahres Biotop für Hobbygeologen, doch es verschlägt auch immer wieder mehr oder weniger abenteuerlustige Camper und zunehmend auch Geo-Cacher hierhin. Man kann in den Felsen klettern gehen (keine Anfänger!) und alte Bunkeranlagen gibt es ebenfalls.

11 Sief

Distanz zum Katschhof 12 km

Von Sief könnten böse Zungen vielleicht behaupten, dass Fuchs und Hase sich nicht nur Gute Nacht sagen, sondern hier auch den sprichwörtlichen Hund vergraben haben. Bemerkenswert ist in der Tat, dass es in Sief kein einziges Geschäft gibt. Dafür findest Du aber eine ganze Menge Bauernhöfe, wo Du immerhin Milch und Eier bekommst. Wahrzeichen von Sief sind das Kloster Brandenburg und die historische Eisenhütte.

F

Stra

Von
Von A nach B
hrrad
Fahrra
hrrad
Straße
Fahrrad
Hupe
Schiene
Stau
Stau
Straßenbahn
Straße
Straßenbahn
Stau

Ob zu Fuß oder mit dem Fahrrad, mit dem Bus oder dem Auto, Aachen ist nicht gerade die Stadt der langen Wege – Du kommst eigentlich ziemlich schnell rum. Und wenn Du der Stadt mal den Rücken kehren möchtest: Nach Köln ist es nur ein Katzensprung und selbst das Ausland liegt praktisch nebenan – zumindest Belgien und Holland sind sozusagen direkt um die Ecke.

Zu Fuß

Die Aachener Altstadt ist von zwei Straßenringen umschlossen. Wer innerhalb dieser Ringe wohnt, hat das große Glück, für praktisch alle wichtigen Ziele in Aachen keinen fahrbaren Untersatz zu brauchen.

Der historische Stadtkern, die an den äußeren Ring angrenzende Haupteinkaufsstraße (Adalbertsteinweg) und der Bahnhof sind gut zu Fuß zu erreichen. Willst Du auf die Schnelle noch shoppen gehen, abends richtig ausgehen oder vielleicht mal eben den Zug nach Köln nehmen, musst Du von der Altstadt aus jeweils höchstens einen viertelstündigen Fußmarsch einplanen.

Auch wenn Du nicht unbedingt in d
Stadt der weiten Wege lebst: Falls D
durch das viele Hin- und Herlaufen m
die Schuhe schlappmachen, kannst Du s
hier schnell wieder aufpäppeln lassen

Schuhreparatur Körner (Sandkaulstr. 29)

Waldeck C. (Kaiserplatz 23)

Uwe Huber Schuhreparaturservice (Franzstr. 15)

Mister Minit (Reihstr. 20), www.misterminit.de

Auch die über die ganze Stadt verteilte Rheinisch-Westfälische Technische Hochschule hat einen ihrer Standorte am Rand der Altstadt – den Campus Mitte –, weitere Teile der RWTH findest Du auf dem Campus Melaten oder Hörn westlich der Innenstadt. Falls Du

Dich zu den Studierenden der FH zählst: Zu deren verschiedenen Fakultäten musst Du Dich schon nach außerhalb, nach Jülich oder in den Süden Aachens begeben. Die sind dann vielleicht nicht mehr so gut zu Fuß zu erreichen, aber weit ab vom Schuss kann man dazu auch nicht sagen.

Mit dem Fahrrad

Obwohl Du Holland quasi direkt nebenan hast – und da ist es ja bekanntermaßen unglaublich flach – stellen sich Dir in Aachen überraschend viele Hügel in den Weg. Wer sich beim Radfahren gerne richtig anstrengt, wird sich darüber freuen, aber auch die Nichtsogernebergauffahrer dürfen sich über ein gut ausgebautes Radwegenetz freuen. Außerdem sollen die Aachener Autofahrer besonders rücksichtsvoll gegenüber den Radfahrern sein – und das, obwohl die Zweiradnutzer das Privileg genießen, in vielen Einbahnstraßen auch in die „falsche" Richtung fahren zu dürfen.

Sogar in mancher Fußgängerzone musst Du nicht absteigen, wenn's Dein Drahtesel eilig hat. Schau einfach mal auf die Website der Stadt. Die bietet eine Riesenmenge an Infos zum Thema „FahrRad in Aachen". Dann bist Du auf jeden Fall für einen Ausflug auf zwei Rädern gewappnet.
www.aachen.de/fahrrad

Parkplätze fürs Rad

Damit Du Dir nicht ständig Gedanken darüber machen musst, ob Dein geliebtes Bike auch wirklich noch da ist, wenn Du mit ihm von der Innenstadt nach Hause fahren willst, stehen an vielen Ecken und wichtigen Plätzen Fahrradständer für Dich bereit. Du solltest Dir aber trotzdem gut überlegen, ob es für den

Aachener Stadtverkehr unbedingt das teure, getunte Rennrad sein muss, wenn es häufig unbeaufsichtigt bleiben oder im Freien übernachten muss. Auf alle Fälle lohnt es sich, in ein gutes Schloss zu investieren. Und da Du in der Stadt sowieso keine Riesenstrecken hinter Dich bringen musst, ist ein günstiges Gebrauchtrad auch eine Überlegung wert.

Ganz entspannt kannst Du Dein Rad übrigens bei der Radstation der **WABe** (Zollamtstr. 3), einem diakonischen Netzwerk, direkt am Hauptbahnhof abstellen. Hier wird es gut bewacht, bleibt trocken und Du kannst z.B. unbesorgt in den nächsten Zug steigen.
www.radstation-aachen.de

Auch in den Parkhäusern Büchel, Adalbertstraße, Hauptbahnhof und Rathaus stehen Bügel zum kostenlosen Abstellen bereit und außerdem an den vielen Bike-and-Ride-Anlagen in der Stadt. An welchen Haltestellen die sich genau befinden, kannst Du hier nachschauen: www.aachen.de/fahrrad

--> FahrRad mit Bus + Bahn

Hier noch ein kleiner Tipp für Dauerparker: Steht Dein Rad über längere Zeit irgendwo am Straßenrand und macht auch nicht mehr den fahrtüchtigsten Eindruck, wird es bald mit einem orangenen Zettel „verziert". Der kommt vom Ordnungsamt und teilt Dir im Amtsdeutsch mit, dass Du Deine schrottreife Gurke innerhalb von vier Wochen zu entfernen hast, da sie sonst einfach eingesammelt wird.

Die Aachener Radler genießen zwar ziemliche Bewegungsfreiheit, aber trotzdem gibt es einige Fußgängerzonen, die Du wirklich nicht befahren solltest, denn das Ordnungsamt hat in Aachen besonders wachsame Augen! Eine Kontrolle kostet dann nicht nur Zeit und Nerven, sondern auch Geld.

Das Rad mitnehmen

Um das Umland zu erkunden, musst Du es mit dem Radeln auch nicht gleich übertreiben: Für größere Distanzen kannst Du Dein Rad in den Öffentlichen mitnehmen. Generell ist das (zu bestimmten Zeiten) in Bussen möglich, die mit Fahrradsymbol versehen sind. Auch die Bahnen des AVV (Aachener Verkehrsverbund) nehmen Dich in Begleitung Deines Fahrrads mit. Allerdings braucht es in beiden Fällen ein eigenes Ticket, um an Bord gehen zu dürfen. Zu welchen Zeiten und Preisen Du in welchem Verkehrsmittel inkl. Fahrrad unterwegs sein kannst, verrät man Dir hier: www.avv.de
--> Tickets und Preise --> Tickets von A bis Z --> Fahrrad-Ticket

Sonn- und feiertags fährt im Sommerhalbjahr zusätzlich der Fahrradbus. Er bringt Dich in die Eifel, wo Du dann eine Radtour in herrlichster Landschaft machen kannst. Auf dem Weg hin und zurück macht es sich Dein Rad ganz einfach auf einem Anhänger bequem. www.avv.de --> Freizeit --> Rund ums Rad --> Fahrradbus Eifel

Reparieren und kaufen

Radfahren ist die urbane Fortbewegungsmethode überhaupt – und immer schneller als der Rest! Aber natürlich nur, wenn nicht gerade ein platter Reifen dazwischen kommt, die Gangschaltung streikt oder die Bremsen ihren Dienst versagen. Für den Fall der Fälle schaust Du einfach hier vorbei:

Der **Fahrradladen Sausewind** (Südstr. 60) bietet nicht nur einen schnellen Reparaturdienst, sondern auch einen Gratis-Lieferservice. Tel. 0241/4009284, www.sausewindvelo.de

Das **VELO** (Karlsgraben 69) stellt Dir während der Reparaturzeit ein kostenloses Leihrad zur Verfügung. Außerdem gibt's auch eine Selbsthilfewerkstatt, so dass Du selbst Hand anlegen und zum Fahrrad-Reparatur-Profi werden kannst. Tel. 0241/37822, www.velo.de

Fahrrad Stau Straßenbahn Hupe Schiene

Ziemlich zügig macht auch **Flizz EUROBIKE** (Am Gut Wolf 9) Dein Rad wieder flott. Tel. 0241/8793090, www.eurobike.de

Wenn Du Dich zu den passionierten Zweiradbastlern zählst, ist das Einzelteile-Angebot von **Bike-Components** (Neupforte 2d) bestimmt interessant für Dich. Tel. 0241/5157580, www.bike-components.de

Bei **Radsport Lenzen** (Adalbertsberg 27) bekommst Du nicht nur Ersatzteile fürs Fahrrad, Reparaturen und Zubehör, sondern auch noch die passende Kleidung. Falls Du Dich von Deiner Mühle trennen willst: Der Händler bietet sogar einen Gebraucht-Basar an. www.radsport-lenzen.de

Und falls Dein Fahrrad gar nicht mehr zu retten sein sollte: Ein nagelneues, wenn's sein muss auch mit Elektromotor, bekommst Du bei den genannten Fahrradgeschäften natürlich auch.

... oder auf dem Fahrradflohmarkt

Du möchtest nicht viel Geld ausgeben, aber trotzdem ein eigenes Rad? Auch dafür gibt es eine Lösung: Vor dem Kármán-Auditorium der RWTH (Eilfschornsteinstr. 15) finden regelmäßig Fahrradflohmärkte statt. Die Termine findest Du hier:
www.aachener-fahrradmarkt.com

Räder zum Ausleihen

Wenn sich ein eigenes Rad für Dich nicht lohnt oder Du ein zusätzliches brauchst, weil Besuch von außerhalb einfällt, kannst Du Dir natürlich auch eins ausleihen. Die **WABe Radstation** am Hauptbahnhof (Zollamtstr. 3) bietet neben den rein per Muskelkraft betriebenen auch Elektrofahrräder zur Ausleihe an. Bei **e-Call a Bike** geht's ganz elektrisch. Stationen sind am Hauptbahnhof, am Elisenbrunnen und an der Mensa der RWTH. Mehr Infos unter:
www.radstation-aachen.de
www.aachen.de/e-bike

Einen neuen Schlauch bekommst Du auch sonntags und nachts an einem der **Schlauchomaten**. Zu finden z.B. bei **Velo** (Karlsgraben 69) oder **B.O.C. auf bike** (Krefelder Str. 216).
www.velo.de
www.boc24.de
--> Filialen --> Aachen

Auf Schienen

Die Stadt Aachen ist eigentlich ziemlich frei von Schienenverkehr. Eine Straßenbahn wirst Du hier jedenfalls vergeblich suchen. Das stört aber nicht weiter, denn innerhalb der Stadt nimmst Du einfach den Bus. Wenn Dein Ziel in der Nähe von einem der fünf Bahnhöfe der Stadt liegt, kannst Du aber auch die Bahn wählen. Ansonsten kommst Du auf Schienen besonders gut ins Aachener Umland, in nahe Großstädte oder das Ausland:

Die **euregiobahn** ist ein Regionalverkehrs-Unternehmen, das Dich nicht nur bis Düren oder Mönchengladbach bringt, sondern auch in die nahe gelegenen Regionen in Belgien und den Niederlanden. www.dieeuregiobahn.de

Aber auch wenn Du einfach nur Lust hast, abends in Köln feiern zu gehen, macht's der **RegionalExpress** möglich, dass Du nachts noch zurück nach Hause kommst. www.bahn.de

Es ist natürlich immer die Frage, welches Ticket sich für Dich am besten eignet. Als StudentIn kannst Du das **Semester-Ticket** NRW für Deine Fahrten mit dem Bus, der Bahn und überhaupt dem ganzen Nahverkehr in Nordrhein-Westfalen nutzen. Innerhalb des AVV-Gebiets darfst Du nach 19.00 Uhr und am Wochenende sogar noch jemanden mitnehmen. www.avv.de --> Tickets und Preise --> Tickets von A bis Z --> Semester-Ticket

Für alle Nichtstudenten gibt es Wochen-, Monats- oder Jahreskarten, die Du am Automaten oder auch ganz praktisch über Dein Handy kaufen kannst. www.avv.de --> Tickets und Preise --> Infos zum Ticketkauf --> HandyTicket

Die Dreiländereck-Lage Aachens solltest Du übrigens unbedingt nutzen: Ob nach Maastricht, Antwerpen oder bis ans Meer – von Aachen aus ist alles innerhalb von zwei bis dreieinhalb Stunden erreichbar, da lohnt sich oft schon ein Tagesausflug!

Damit's nicht zu teuer wird, empfiehlt sich für die Belgienfahrten die Anschaffung des **Go Pass 10**. Der kostet 50,00 Euro und Du kannst damit innerhalb eines Jahres zehn Mal zwischen Deutschland und Belgien hin und her fahren. Egal, welchen belgischen Zielort Du Dir aussuchst, mit diesem Pass musst Du pro Fahrt nur noch

5 Euro bezahlen – vorausgesetzt aber, Du bist unter 26.
www.belgianrail.be --> Deutsch --> Fahrausweise --> Go Pass 10

Und dann gibt es ja schließlich noch den **Thalys**: Der Hochgeschwindigkeitszug bringt Dich in gut zweieinhalb Stunden nach Paris! Wenn Du früh genug buchst, kannst Du diese Strecke sogar zum Schnäppchenpreis von 29 Euro fahren. Kleines Romantikwochenende gefällig? www.thalys.com

Mit dem Bus

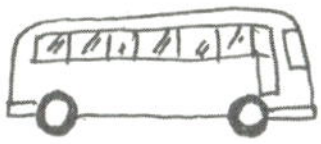

Damit Du in Aachen überall hinkommst, schickt die **ASEAG** (Aachener Straßenbahn und Energieversorgungs-AG) ihre „rote Flotte" auf die Straßen. Insgesamt 68 Linien stehen Dir in der Stadt zur Verfügung und die roten Busse haben meistens ihre eigene Spur – der Feierabendverkehr kann Dir beim Busfahren also ziemlich egal sein. Die meisten der Buslinien durchkreuzen früher oder später auch die Innenstadt mit den zentralen Haltestellen „Bushof" und „Elisenbrunnen". Das Busnetz verbindet nicht nur alle Ecken Aachens miteinander, auch die Umgebung kannst Du im roten Bus ansteuern.
www.aseag.de --> Tickets & Tarife

Wenn Du nach spätestens vier Haltestellen wieder aussteigen möchtest, kannst Du mit dem günstigen **Flugs-Ticket** fahren, das Dich für 1,50 Euro ans Ziel bringt – umsteigen zwischendrin gilt aber nicht! Semesterticket und Monatskarten sind selbstverständlich auch in den Bussen gültig. Wenn Du sowas nicht hast, gibt's eine ganz schön große Auswahl an Tickets. Der Aachener Bustarifdschungel lichtet sich aber zum Glück relativ schnell, sobald Du einen Blick auf die übersichtliche Homepage der ASEAG wirfst:
www.aseag.de

Wenn Du Dich zu den wochenendlichen Nachteulen zählst, wirst Du Dich über den **Nachtexpress** freuen. Freitagnacht und Samstag-

nacht und in den Nächten vor Feiertagen kannst Du Dich um 1.45 Uhr, um 2.45 Uhr und nochmal um 3.45 Uhr ab Elisenbrunnen oder Aachen Bushof von ihm nach Hause bringen lassen. Falls Dir das zu früh ist: Ab etwa 5.00 Uhr startet wieder der reguläre Busverkehr.

Auch das **ASEAG-Sammel-Auto** (kurz ASA) nimmt Dich spät nachts noch mit. Zwischen 0.30 Uhr und 3.00 Uhr kannst Du alle halbe Stunde einsteigen – vorausgesetzt Du hast es mindestens 45 Minuten im Voraus unter dieser Nummer angekündigt: 0241/25522. www.aseag.de --> Fahrplan --> Nachtexpress und A

s. auch „Feiern", S. 148

Mit dem Auto

In Aachen brauchst Du kein eigenes Auto, da ja alles gut zu Fuß, mit dem Rad oder dem Bus zu erreichen ist. Für Neulinge in der Stadt ist das Autofahren außerdem eine besondere Herausforderung, weil die Straßenführung ziemlich unübersichtlich ist und man zusätzlich ständig mit einem Einbahnstraßengewirr oder Fußgängerzonen konfrontiert wird. Das Parken in Aachen ist auch nicht viel weniger problematisch: In einigen Wohnvierteln darfst Du Dich glücklich schätzen, wenn Du einen Parkplatz findest – und meistens musst Du auch noch stolzer Besitzer eines Anwohner-Parkausweises sein. Das wird übrigens von den Ordnungshütern regelmäßig kontrolliert!

Eine bequeme Variante, Dein Auto zu verstauen, ist das Abstellen in einem der Parkhäuser. Das geht aber auf Dauer ins Geld. Vielleicht verzichtest Du also einfach auf eine eigene Benzinkutsche und nutzt bei Bedarf Carsharing: Dabei hast Du in Aachen einige Anbieter zur Auswahl. Besonders gut vertreten mit seinen Standorten in der Stadt ist **cambio CarSharing**. Rund um die Uhr kannst Du hier ein Auto buchen. www.cambio-carsharing.de

Aber auch **Flinkster**, der Service der Deutschen Bahn, oder **Tamyca** – eine von Studenten entwickelte Plattform, über die privates Cars-

haring praktiziert werden kann – bieten Dir kurzfristig ein Leihauto an. www.flinkster.de www.tamyca.de

Fliegen

Einen eigenen Flugplatz hat Aachen natürlich auch. Allerdings kannst Du dort nur Rundflüge mit kleinen Motor- oder Segelflugzeugen oder Heißluftballons machen. Das kann sich sicher spektakulär anfühlen – aber richtig weit weg bringt es Dich nicht. www.flugplatz-aachen.de

Da Aachen an die A4 und die A44 angebunden ist, kannst Du Dich aber in Nullkommanix auch weit weg verdrücken, denn die Flughäfen Köln/Bonn, Düsseldorf oder auch Maastricht sind gut und in kurzer Zeit zu erreichen. Wenn Du also mal den Drang verspürst, Aachen für ein Weilchen zu verlassen, ist das kein Problem.

Und auf dem Wasser?

Wie Du Dich in Aachen, um Aachen herum und von Aachen weg zu Land bzw. in der Luft bewegst, ist Dir jetzt bereits bekannt. Fehlt eigentlich nur noch der Wasserweg. Der ist nicht ganz so leicht zu bekommen, da es in Aachen kein nennenswertes Gewässer gibt.

Wenn Du aber bereit bist, Dich zum nahegelegenen Rhein (zum Beispiel nach Köln) zu bemühen, kannst Du dort ein Ausflugsboot besteigen und ein bisschen rumschippern, oder sogar eine Flusskreuzfahrt buchen ... Wenn Deine Sehnsucht nach salzigem Wasser und Küste mal wieder stärker ist als Du, bist Du aber im Handumdrehen auch schon in Ostende in Belgien oder Renesse in den Niederlanden – direkt am Meer!

lecker
lecker
lecker
mampf
Restaurant

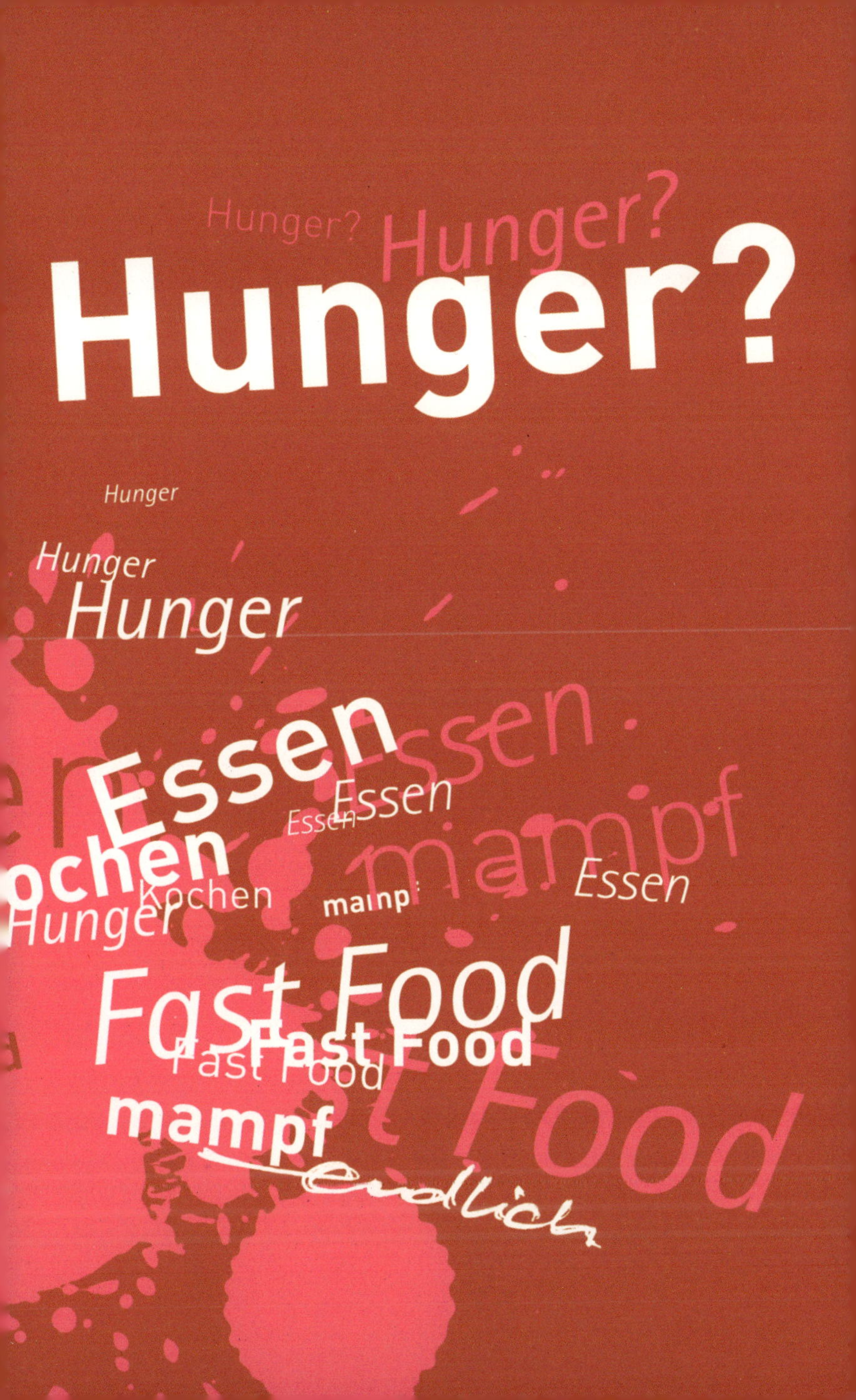
Hunger? Hunger?
Hunger?
Hunger
Hunger
Hunger
Essen
Essen
Essen
mampf
ochen
Kochen
mainpf
Essen
Hunger
Fast Food
Fast Food
Fast Food
Food
mampf
endlich

Hunger? Hunger?

Essen zu Hause

endlich

Kochen

kaufen

Bringdienst

Pizza

Kochen

Pizza

Koche

Einkaufen

Einkaufen

Einkaufen

Einkaufen

Kochen

Einkaufen

Bringdienst

Wie wirst Du satt in Aachen? Keine Sorge, die Stadt bietet Dir alles, was das hungrige Herz begehrt: Supermärkte, Bioläden, Märkte, Delikatessengeschäfte, Lieferdienste und jede Menge Restaurants für alle Geschmacksrichtungen. Bei Dir als Neu-Öcher macht sich möglicherweise trotzdem Orientierungslosigkeit breit. Wo verstecken sie sich denn, die kulinarischen Möglichkeiten? Wo bekommst Du, was Dich nicht nur satt, sondern auch glücklich macht? Hier folgt die Übersicht für alle Krieger gegen das Magenknurren:

Supermärkte

Eine Filiale, nämlich der **Rewe City** (Pontdriesch 10-12) liegt in direkter Nähe zur Uni und eignet sich somit perfekt, um nach der Vorlesung oder nach Feierabend noch schnell ein paar Besorgungen für das Abendessen zu machen. Frisches Gemüse oder Tiefkühlkost, Backwaren oder Chips, Eistee oder Bier, das gewohnte Supermarktinventar sollte keine alltäglichen Wünsche offen lassen.
www.rewe.de -->Markt --> Marktsuche --> Aachen

Hier findest Du Deine Lieblingspizza nicht? Du möchtest einen exotischen Salat zubereiten und benötigst Zutaten? **Kaufland** (Vaalser Str. 242) ist zwar etwas außerhalb der Innenstadt, kann aber aufgrund des größeren Platzangebots auch eine umfassendere Produktpalette präsentieren. www.kaufland.de --> Filialen --> Aachen

Bio

Na klar, auch die Aachener sind längst auf den Trichter gekommen. Dementsprechend groß ist die Auswahl in der Kaiserstadt. Hier eine kleine Übersicht über gute Bioläden für Dein perfektes Öko-Mahl:

Körnerfutter? Trockenobst? Heiltees? Ja, auch, aber das **Reformhaus Heift** (Reihstr. 21, Kapellenstr. 13, Ursulinerstr. 21) hat noch

einiges mehr zu bieten: regionale Lebensmittel, saisonale Angebote und auch eine große Auswahl an Natur-Kosmetik.
www.reformhausheift.de

Der **denn's Biomarkt** (Alexianergraben 9, im City Center) bietet Dir alles von frischem Obst und Gemüse über Nudeln und Fertiggerichte bis hin zu Drogerieartikeln und Kosmetik. Besonders günstig für Studenten: Jeden Mittwoch gibt's 6 % Rabatt auf Deinen Einkauf!
www.denns-biomarkt.de

Auch der **basic** (Theaterplatz 9) hat das klassische Supermarkt-Sortiment zu bieten – doch die Produkte sind natürlich alle bio und es gibt eine Bistrotheke. Dir steht der Sinn nach Bio-Edelsalami vom Gardasee? Du bist auf der Suche nach leckeren, laktose- und glutenfreien Produkten? Dann hat die Suche hier ein Ende.
www.basic-bio-genuss-fuer-alle.de

Im **Bio-Supermarkt Vital** (Jakobstr. 210-212) findest Du neben dem Standard-Biosortiment eine große Auswahl an Bio-Weinen. Und auch sonst alles für den bewussten Einkauf: Dinkel-Parmesan-Cräcker, Bernsteinkäse und Pflanzenhaarfarben.
www.biomarkt-vital.de

Direkt vom Hof

Den direktesten Weg vom Feld auf den Teller nimmt Dein Essen, wenn es aus einem der Hofläden Aachens kommt. Zwar sind die Höfe etwas außerhalb, die Fahrt dahin lohnt sich aber immer.

Bonnies Hofladen (Strüverweg 72) versorgt Dich mit frischem Obst und Gemüse, Marmeladen Biobrot, Wein und Saft sowie Milchprodukten, Geflügel und allem vom Rind. Wenn Du wirklich ganz genau wissen willst, aus welchem Samen Dein Gemüse gewachsen ist, dann kannst Du Dir hier dank der Initiative „meine ernte" auch

gleich ein Stück eigenen Gemüsegarten mieten. An die Harke, fertig, los! www.meine-ernte.de/hof-bonnie.html

Der **Michaelshof** (Bungartsweg 156) wirtschaftet biologisch-dynamisch und hat sich vor allem auf Milchprodukte spezialisiert. Käse- und Milchspezialitäten aus Eigen-„Anbau“ sowie eingekaufte Ziegen- und Schafsmilch ergänzen die gesunde Ernährung für alle Laktosetoleranten. www.michaelshof.eu

Wenn bei Dir nur Bio-Zertifiziertes in die Tüte und direkt zu Dir nach Hause soll, dann wirst Du bei der **Aachener Biokiste** glücklich. Wähl die Kiste, die zu Dir passt: Ist es die Basiskiste, die Rohkostkiste oder gar die Gourmetkiste? Die Lieferung erfolgt wöchentlich oder alle zwei Wochen. Ab 10 Euro bist Du dabei! www.biokiste-aachen.de

Märkte

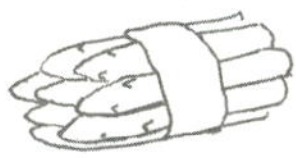

Eine Stadt kennt man erst richtig, wenn man ihre Marktschreier und -frauen versteht. Ein Besuch auf dem Wochenmarkt ist außerdem irgendwie alles: Unterhaltung, Spaziergang und Einkauf. Auch Aachen lässt da keine Wünsche offen. Wer also Lust hat, seinen Korb mit Köstlichem aus der Regio zu füllen, kann sich an unserem „Marktstand“ einen Überblick über die Öcher Märkte verschaffen.

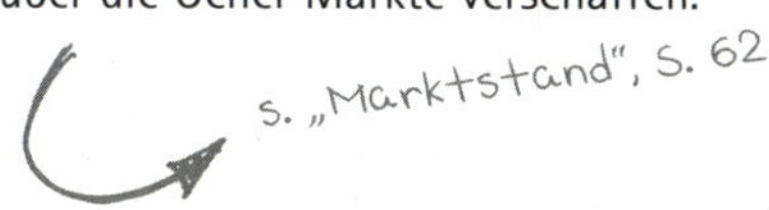

Besonders Einkaufen

Manchmal muss einfach etwas anderes auf den Tisch. Wenn Du Lust auf Exotik, frischen Fisch oder italienische Delikatessen hast, geh am besten in einen der folgenden Läden:

Für den Fall, dass Du einmal das ferne Asien zu Dir nach Hause holen möchtest: **Interfood** (Jülicherstr. 22) macht Dir ein breit gefächertes Angebot an Zutaten, um echt asiatisch zu kochen.

Wochen

Innenstadt
Am Markt
Di & Do
7.00–14.00 Uhr

Burtscheid
Kapellenstraße
Fr 7.00–13.00 Uhr

Innenstadt
Münsterplatz
Sa 9.00–14.00 Uhr

Kronenberg
Johannes-Ernst-Platz
Mi 9.00–13.00 Uhr

Rothe Erde
Bahnhofsvorplatz
Mi 7.00–13.00 Uhr

Frankenberger Viertel
Neumarkt
Sa 7.00–13.00 Uhr

ärkte *endlich*

Asiatische Gewürze, importiertes Obst und Gemüse und sogar die „Hardware" wie Geschirr und Stäbchen findest Du in den gefüllten Regalen. www.interfood.ac

Delikate Feinkost für Dein italienisches Festmahl erhältst Du bei **A Tavola da Giorgio** (Annastr. 10): Hier gibt's Trüffelsalami, Parmaschinken, Käse, eine große Auswahl an Olivenöl und natürlich auch den klassischen Limoncello. www.dagiorgio-aachen.de

Im türkischen Supermarkt **Hilal Market** (Harscampstr. 7) gibt es vor allem ganz viel Obst und Gemüse, aber auch mediterran-orientalische Spezialitäten, Couscous, Bohnen, Oliven und Co.

Im Obst- und Gemüseladen **Euphrat** (Sandkaulstr. 37) bekommst Du nur Hochwertiges und dazu gratis Tipps und Rezepte.

Leider liegt Aachen nicht an der Küste, frischer Fisch geht aber trotzdem! Bei **Fisch Zegel** (Gut-Dämme-Str. 10-12) gibt es alles, was im Wasser lebt und schmeckt. Und multikulti sind die Köstlichkeiten außerdem: Hier bekommst Du estnischen Zander, norwegischen Lachs und temperamentvolle italienische Venusmuscheln ... www.fischzegel.de

Die belgische Supermarktkette **Delhaize** hat Deutschand nach einem Feldversuch 2009 leider wieder verlassen. Aber Belgien ist ja nicht weit. In Raeren (Aachener Str. 47), ca. 20 Kilometer von Aachen entfernt, gibt es eine Filiale mit leckerer, belgischer Feinkost. Hier kriegst Du Ziegenkäse, Lütticher Waffeln, frische Bioprodukte und vieles mehr. www.delhaize.be

Kochen und bekocht werden

Über die ganze Stadt verteilt kochen und essen, das geht bei rudirockt. Rudirockt, das ist, wenn Du mit Deinem Kochpartner für vier

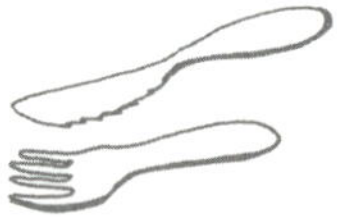

unbekannte Leute einen Gang, der euch vorher zugewiesen wird (Vorspeise, Hauptgericht oder Nachtisch), zubereitest. Nach dem Essen ziehen Du und Dein Co-Koch zu einer festgelegten Uhrzeit für den nächsten Gang zu einem anderen unbekannten Team weiter, wo außerdem zwei ebenso unbekannte „Mitesser" warten. Und für den Nachtisch wiederholt sich das Prozedere. Klingt komisch? Macht aber Spaß! Und satt ... www.rudirockt.de

--> Events --> Aachen

Und zum Nachtisch

Das kennen wir doch alle, oder? Eigentlich ist man total satt, noch vor wenigen Minuten konnte man sich gar nicht vorstellen, in diesem Leben je wieder was zu essen und dann fällt einem ein, dass es so Sachen wie Schokokuchen, Pudding, Pralinen und Muffins gibt! Ein gutes Dessert macht das Mahl erst perfekt – so ist es nun mal. Wenn Du das akzeptiert hast, kannst Du Dir ganz ohne schlechtes Gewissen und voller Vorfreude folgende Zeilen zu Gemüte führen:

Schließ mal Deine Augen und stell Dir folgendes vor: Ein Holzlöffel, an dessen Ende ein wohlgeformtes, köstliches Stück Schokolade sitzt. Beides tauchst Du genüsslich in einen Becher warme Milch oder warmen Kaffee. Dort verbindet sich dann sehr harmonisch die gute Schokolade mit dem feinen Getränk. Klingt nach verheißungsvoller Allianz, oder? Wo gibt's denn so was? In der **Chocolate Company** (Ursulinerstr. 11)! Sorten findest Du hier reichlich: Schoko Orange, Latte Macchiato, Erdbeere mit rosa Pfeffer und natürlich auch Sünden in Tafelform, Schokoladenaufstriche und mit unvergleichlicher Fondue-Schokolade gefüllte Dosen.

Vielleicht doch besser das Hauptgericht überspringen und gleich zur süßen Tat schreiten? www.chocolatecompany.nl

Das Paradies für Schokoholics: **Schokoladenträume Visser** (Kapellenstr. 26) hat (fast) alles, was man aus Schokolade machen kann.

Hier bekommst Du Pralinen und überhaupt Schoko in allen erdenklichen Formen. Bei Visser ist alles aus fair gehandelten Kakaobohnen und manches für Diabetiker geeignet. Du kannst also wirklich ohne schlechtes Gewissen naschen. www.schokoladen-traeume.de

Belgische Pralinen sind so etwas wie die Rolls-Royce unter den Schokobonbons und da Aachen an der belgischen Grenze liegt, solltest Du mal in den Genuss gekommen sein. Da bietet sich natürlich **Leonidas** (Markt 45-47, Theaterplatz 3, Kleinmarschierstr. 3, Büchel 18) an. Die Firma feiert gerade ihr 100jähriges Jubiläum und bietet – zusätzlich zum bewährten Sortiment – neue Pralinenkreationen an. Die heißen z.B. Palet d'Or , Bergamote, Sao Tomé oder Coup lait amande – da wird man schon beim Lesen satt, oder? Mmhhh...
www.leonidas.com

Heute kommt das Essen zu Dir

Wenn Du mal wieder nicht eingekauft hast oder einfach zu träge zum Kochen bist, gibt es zum Glück ja Lieferdienste, die Dir das Gewünschte direkt an die Haustür bringen. Ein paar Tasten auf dem Handy drücken und dann einfach weiter auf dem Sofa rumgammeln, bis es klingelt ...

Pizza

Ganz dem italienischen Rundgericht verschrieben hat sich **Pizza Nanino** (Rochusstr. 47). Pizza cipolla, carciofi, funghi oder vesuvio? Mmmhh, die Namen der Gerichte sind schon ein kleiner Toskana-Urlaub! Einmal mit extra Knoblauchsoße, bitte!

Zusätzlich gibt es noch die ganze Pasta-Palette rauf und runter mit Makkaroni, Spaghetti und Tortellini. Tel. 0241/35 002, www.nanino.de

Pizza Point (Kühlwetterstr. 14) hat mehr zu bieten, als der Name vermuten lässt. Denn hier gibt es auch Aufläufe, Schnitzel, Bratwurst und Salate. Gefüllte Pizzabrötchen und zum Nachtisch Apfelstrudel mit Vanillesauce. Wie klingt das? Tel. 0241/888 0 900, www.pizzapointaachen.de

Pizza ist nicht gleich Pizza, weiß **Tele-Pizza** (Dammstr. 1-3, Trierer Str. 745, Valkenburger Str. 3). Belegt mit Hühnchen, Speck, Röstzwiebeln, der Rand gefüllt mit Käse erinnert zwar nicht mehr viel an das Original, aber immer nur Tomatensoße und Käse wär ja auch langweilig. Salat, Baguette, Pasta und Aufläufe gibt's natürlich auch. Tel. 0241/55 97 57 0, www.telepizza.de

Asiatisch

Wenn Du mal wieder die Stäbchen herauskramen möchtest, kannst Du das beim **Ninh** (Jülicher Str. 81) machen. Feinstes, an den europäischen Gaumen etwas angepasstes Thai-Essen bestellen – große Portionen, vernünftige Preise. Tel. 0241/55 93 334

Etwas mehr Auswahl bietet das **Chop Chop** (Adalbertsteinweg 174), ebenfalls mit großen Portionen und angemessenen Preisen. Garnelen, gebackenes Hühnerbrustfilet, gebratene Glasnudeln und auch Gerichte, die nicht mit „g" anfangen, harren hier Deiner Bestellung. Tel. 0241/912 87 969, www.chop-chop.de

Solltest Du japanisches Flair zuhause genießen wollen, ist das **Crazy Sushi** (Büchel 53) mit fernöstlichen Sushi-Spezialitäten zu Diensten! Hier bekommst Du alle Sushi-Klassiker, japanische Spezialitäten und spannende Desserts. Lust auf Sashimi, Misu (Suppe mit japanischem Tofu) oder Gyoza (Teigtaschen mit Hühnchen und

Gemüse gefüllt)? Übrigens kannst Du hier auch Sushi-Kochkurse buchen. Tel. 0241/40 99 480, www.crazy-sushi.de

Auch **Oishii** (Pontstr. 83) hat Deinen Anruf wirklich verdient. Hier gibt es das große Spektrum fernöstlicher Küche. Scharf eingelegter Chinakohl, Miso-Suppe und Sushi-Kombis, die keine Wünsche offen lassen. Schau Dir auch das Angebot für den Mittagstisch an! Tel. 0241/900 83 60, www.oishii.de

Griechisch und so

Beim **Patras Grill** (Kullenhofstr. 12) gibt es neben vielem anderen auch ein paar griechische Gerichte wie Gyros, Suvlaki und Bifteki. Dazu bekommst Du Fusion pur mit „Pizza Gyros" 1-6 und ganz viel anderes: Weißwurst, Rumpsteak, Schnitzel, Schnitzel, Schnitzel und Wurst – insgesamt doch ziemlich fleischlastig.
Tel. 0241/43 51 224, www.patras-aachen.de

Ähnlich sieht es bei **Grill & Pizzeria Athen** (Vaalser Str. 117) aus. Hier solltest Du Dir vor allem den „Gyros Komplett" mit Tzatziki, Zwiebel, Beilage und Salat für 6,30 Euro nicht entgehen lassen. Die Speisekarte ist aber querbeet, da sind auch Schnitzel, Pommes und Pizza drin. Tel. 0241/95 45 1940

Frittiertes

Cyrque De Pomm (Jülicher Str. 69, Vaalser Str. 3, Adalbertsteinweg 240) ist eine Kette aus dem Geburtsland der Pommes Frites und verkauft natürlich auch echte belgische Pommes. Dazu kannst Du aus vielen verschiedenen, teilweise exotischen Soßen wählen und die Frikandel an der Seite darf natürlich auch nicht fehlen! Und vielleicht traust Du Dich sogar , zum Nachtisch ein frittiertes Snickers zu probieren. Tel. 0241/95 78 48 58, www.cyrque-de-pomm.de

Eine Alternative ist vielleicht das **Capello's** (Roermonder Str. 329). Neben Pommes, Hähnchennuggets, Hot Dogs und Pizza kannst Du hier sogar Zigaretten, Blättchen und Küchenrolle kommen lassen! Tel. 0241/14 934, www.imbiss-aachen.de

Hunger? Hunger?

Essen unterwegs

Klar, immer kochen ist nicht, das leuchtet ein. Wenn Du unterwegs bist, brauchst Du gute Anlaufstellen, um den knurrenden Magen zum Schweigen zu bringen. Wo gibt es den besten Döner in der Kaiserstadt? Wo eine gute Pizza to go? Das haben wir netten Leute für Dich recherchiert. Probier's mal aus:

Schnell, schnell bitte

Döner & Co.

Der **Bambi-Grill** (Karlsgraben 10) bereitet neben anderen Imbiss-Klassikern wie Falafel oder Burger vor allem guten und günstigen Döner zu. Aber auch wer Lust auf Lahmacun, vegetarische Spezialitäten oder Schnitzel hat, ist hier richtig! www.bambi-grill.de

Zentral am Bushof gelegen ist **Sultans of Kebap** (Peterstr. 25), eine Dönerbude der edleren Art. Das spiegelt sich auch in den Preisen wider, aber viel frischer Salat im Döner, große Portionen und gemütliche Sitzgelegenheiten laden zum Bleiben ein. Hier gibt es auch lecker gefüllte wraps mit verschiedenen Fleisch- und Gemüsesorten. Witzig, der Döner wird hier mit „Kebapbag" angesprochen! www.sultansofkebap.com

Guten Döner macht auch der **Atlas Grill** (Blondelstr. 7) mitten in der Innenstadt – und das bis 6.00 Uhr morgens, sodass Du sogar noch nach der Party Deinem Magen etwas Gutes tun kannst. Also genau das Richtige für ein deftiges Kater-Vermeidungs-Frühstück ...

Asiatisch

Pont Asia (Pontstr. 109) wartet mit Spezialitäten aus der thailändischen Küche auf. Soll's nur eine schnelle Suppe mit Hühnerfleisch und Kokosmilch sein – oder hast Du Lust auf richtig satt mit

der „unentschlossenen Ente scharf-süß-sauer" oder Garnelen mit Chili und Basilikum? Hier kannst Du eigentlich nichts Falsches wählen. Gar nicht teuer und auch in der praktischen Box zum Mitnehmen! www.pontasia.de

Eine ernstzunehmende Konkurrenz im Jakobsviertel ist der **Jakobsimbiss** (Jakobsstr. 75). Hier werden die asiatischen Köstlichkeiten frisch vor Deinen Augen zubereitet. Probier mal das leckere Chop Suey mit Huhn. Auch Extrawünsche sind kein Problem.

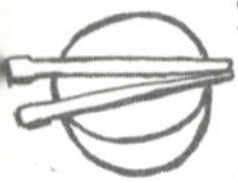

Im **Feuerdrachen** (Mefferdatisstr. 1, Bismarckstr. 41) bekommst Du Hühnchen, Ente, Meeresfrüchte und Tofu ... alles charmant begleitet von köstlichen Saucen wie Erdnuss-Penang-Curry, Chili oder Massaman-Curry. Sommerrollen, Suppen und gebackene Bananen tummeln sich auch auf der Speisekarte. Ein Sake als Absacker? www.feuerdrachen-aachen.de

Currywurst

Schick und Pommesbude? Das scheint kaum vereinbar zu sein, aber **Maier Peveling's** (Alter Posthof 16) zieht das Konzept durch. Trüffelmayonnaise mag nicht jedermanns Fall sein, aber die Currywurst ist spitze! Hotdogs, Schnitzel stehen außerdem auf der Speisekarte und ab und zu gibt's auch Extra-Angebote wie Lammwürstchen. Vegetarier mussten aber bisher hungrig den Laden verlassen – außer Pommes ist da nicht viel. www.maier-pevelings.com

Auch zum **Botan Grillhaus** (Oppenhoffallee 109) lohnt sich ein Abstecher. Hier sind die Kollegen der Currywurst, Pommes und das selbstgemachte Brot eine leckere Angelegenheit. Probier's mal aus!

Niederländische Spezialitäten

Aus dem Inventar der Pontstraße nicht mehr wegzudenken ist **Kathys Frietnesse** (Pontstr. 101-105) mit ihren niederländischen Spezialitäten. Currywurst mit schärfster Soße, smakelijke Burger, Pommes Spezial und immer bis tief in die Nacht geöffnet. Mit übertriebenen Höflichkeiten hält man sich hier allerdings nicht auf – eher nichts für sensible Hungerleider!

De Fries (Pontstr. 127) – die typische Imbissbude, könnte man meinen, mit der typischen Speisekarte. Aber die Pommes gibt es mit extra-lecker und die Saucenauswahl ist schwerlich zu toppen: Wasabi-Mayo, cheese onion und Samurai heißen nur drei von ganz vielen! www.defries-aachen.de

Nord- & Südamerikanisch

Ein Burger kann mehr sein als nur Fast-Food-Snack! Im **Bar'n'Burger** (Templergraben 20) geht's richtig amerikanisch zur Sache: selbstgemachte Burger in zahlreichen Varianten, Größen und Geschmacksrichtungen. Da kommt schon bei der Lektüre der Speisekarte gute Laune auf: „Eat the cow" (dahinter verbergen sich ungelogen 500 Gramm Rindfleisch mit Tomate, Käse, Zwiebeln und Speck), „Dracula's ex-girlfriend" oder „Whisky-flavoured beef". Auch die vegetarischen Burger sind eine feine Sache. Das ist kein Burger für auf die Hand, hier solltest Du Dich niederlassen!

Leckere Burger gibt's auch im **Homeburgers** (Komphausbadstr. 25). Da machen die Namen ebenfalls Spaß. Der „Brandenburger" kommt mit Jalapenos, Chilischotenpüree, Spiegelei und Samuraisauce. Der „Buergerlich" wird von gegrilltem Gemüse, Parmesan, gegrillter Ananas, Jalapenos und Homesauce begleitet und der „Buergeramt" bringt Jalapenos, Spiegelei, Chesterkäse, BBQ-Sauce und Burgersauce mit. Das sind nur drei der vielen Burgervarianten. Vegetarisch und vegan gibt's natürlich auch. Du bestimmst, wie schwer das

Stück Fleisch zwischen Deinen Burgerhälften sein soll und ob's vom Fisch, vom Rind oder vom Hühnchen stammen darf. Die Inneneinrichtung sieht schwer nach american diner aus, inklusive roter Bar und halbem Rennauto an der Wand. www.homeburgers.de

Die Qual der Wahl

Auf der Pontstraße nichts zum Essen zu finden, ist schier unmöglich. Einmal Querbeet bietet das **Chicken Po(i)nt** (Pontstr. 134-136). Döner, Pizza, Pasta, Hühnchen, Salate, Vorspeisen, Burger, Steaks, Vegetarisches...wer hier nichts nach seinem Geschmack findet, dem ist echt nicht zu helfen! www.chickenpont.com

Ein ähnliches Angebot hat auch das **Pont Pascha** (Pontstr. 114-116), das sogar extra Studentenpizzen anbietet – eine große Pizza für rund 4 €und dem Party-Abend oder der nächsten Vorlesung steht nix mehr im Wege! Und neben der Pizza warten auch Döner, verschiedene Nudelgerichte und überbackenes Gemüse auf Dich. Lekkere Vorspeisen gibt's außerdem: Lust auf gefüllte Weinblätter mit Reis oder Tomatensuppe mit Käse? Freitags und samstags bis 3.00 Uhr nachts geöffnet, sonst bis 1.00 Uhr. www.pontpascha.de

Mittagstisch

Mittags nach der Vorlesung oder in der Pause bei der Arbeit schnell nach Hause und ein delikates Mahl zaubern? Eher nicht. Da müssen andere ran. Deshalb stellen wir Dir eine Auswahl der Etablissements in Aachen vor, die Dir Mittagsgerichte kredenzen, die lecker und nicht überteuert sind. Was soll es denn sein? Pizza? Asiatisch? Schniposa? In Begleitung der anderen Studis in eine der Mensen oder lieber fern der Akademikeratmosphäre in ein „richtiges" Restaurant? Hier kommt die Entscheidungshilfe – vielleicht probierst Du einfach eins nach dem anderen aus!

Nicht nur mittags serviert das **Bistro am Kreishaus** (Zollernstr. 14) in der Nähe vom Hauptbahnhof schmackhaftes Essen am Buffet. Hier gibt's Hackbraten, Cordon bleu und Jägerschnitzel – Vegetarier gehen hungrig heim. www.gastro-adams.de

Heinz Stoff – Kantinen der Landesbehördenhäuser (Theaterplatz 14) kocht gutbürgerliche Küche. Hier werden täglich wechselnd zwei Menüs mit Fleisch und ein vegetarisches angeboten. Die Auswahl ist bunt: Spaghetti Bolo mit Apfelmus, Eintöpfe, Fisch ...
www.speiseplaninfo.de/speiseplan.htm

Die **Mensa Vita** (Helmertweg 1) ist mehr als nur eine gewöhnliche Mensa, denn sie hat eine Fleischtheke sowie eine vegetarische Theke und bietet Spezialmenüs an. Es gibt Pizza, Pasta, Wok...eigentlich kann es gar nicht sein, dass nichts für Deinen Geschmack dabei ist. www.studentenwerk-aachen.de --> Essen --> Mensen --> Mensa Vita

Die **Mensa III** (Bayernallee 9) lässt sich auch nicht lumpen, hier hast Du im Aachener Süden immer die Chance auf ein gutes warmes Essen. Ganz viele Oder-Fragen wollen beantwortet werden:

…Grill? Fleisch oder Fisch? Oder Pizza? Oder Vegetarisch? … Empfehlung des Tages? Und in der dazugehörigen Cafélounge gibt's nach der anstrengenden kognitiven Leistung zur Belohnung lecker Koffein! www.studentenwerk-aachen.de --> Essen --> Mensen --> Mensa III

Alles, was Mutti als gefährliches Fastfood bezeichnen würde, gibt's im **Grill-Cube** (Templergraben 61). Ob Snack à la Currywurst mit Pommes oder ein herzhafter Eintopf, Hauptsache, es schmeckt! Vier verschiedene Snack-Gerichte und ein Eintopf stehen zur Wahl. www.studentenwerk-aachen.de --> Essen --> Mensen --> Grill-Cub…

Und hier gibt's den kompletten Überblick gegen Unterzucker an der Uni: www.studentenwerk-aachen.de --> Essen --> Speisepläne

Die **Essbar** (Pontstr. 122) nutzt ihre Lage im Studentenviertel und bietet mittags günstige und abwechslungsreiche Menüs an (inklusive Getränk). Bratkartoffeln mit Spiegelei gehen hier immer. Aber auch Datteln im Speckmantel, Hühnersuppe, Nürnberger, Spaghetti, Haxe, Sauerbraten, Lammkotelett, Hühnchenbrustfilet, Pizza, Fischstäbchen und Salate. Ja wirklich, man hat das Gefühl, auf der Karte steht alles, was essbar ist! Hier speist Du in stylischer Atmosphäre. www.essbar-aachen.de

Im **Vapiano** (Franzstr. 51) kannst Du alles auf eine Karte setzen: Mit unkompliziertem Bezahlkartensystem koordinierst Du in der Aachener Filiale der Kette Deine Bestellungen. Die Gerichte aus hauseigenen Nudeln werden direkt vor Deinen Augen zubereitet. Hier bekommst Du Salat mit Grillgemüse, geräucherten Lachs in Carbonara-Sauce, je nach Saison frische Steinpilze und vor allem Pizza und Pasta. Basta! www.vapiano.de

Direkt an der Uni eignet sich auch das **Galilei** (Marienbongard 24) zwischen 12.00 und 17.00 (!) Uhr für ein schnelles, gutes Mittagessen und ist dabei nett zu Deinem Geldbeutel. Pide, Moussaka, oder

mediterraner Salat – Dein Magen geht auf leckere Weltreise. Die breite Fensterfront und die Planeten-Deko machen das Café zu einem angenehmen Ort. www.cafe-galilei.de

Lecker Pizza, Überbackenes (ein paar Schnecken mit Knofi gefällig?) und anderes aus der italienischen Küche wartet in **La Finestra** (Pontstr. 123) auf Dich. Täglich zwischen 12.00 und 17.00 Uhr gibt's hier Feines gegen den mittäglichen Hunger. Der Gewölbekeller mit den dicken Steinmauern sorgt für uriges Ambiente.
www.pizzeria-lafinestra.de

Im **Lai Thai** (Büchel 5) kannst Du Deine Mittagspause asiatisch gestalten. Hier bekommst Du zwischen 12.00 und 15.00 Uhr ein Tellergericht samt Tagessuppe. In derselben schwimmen, je nach Gusto, Garnelen oder andere Tierchen oder nur Pflanzliches, zum Beispiel mit Kokosmilch. Besser reservieren, der Laden ist ziemlich klein. Lohnt sich eigentlich immer! www.laithai-aachen.de

Restaurants mit (inter)nationaler Küche

Regional

Wie jede Stadt wartet natürlich auch Aachen mit typischer, regionaler Küche auf. Da gibt es Einiges: Rheinischen Sauerbraten mit den obligatorischen Printen (natürlich!), Reisfladen, „Höltkies" und „Waggelemanes" (überflüssig zu erwähnen, dass das lustige Namen für Sülze sind) oder auch der „schwazze Franz" (gebratene Blutwurst). Um also endlich als waschechter Öcher durchzugehen, musst Du die Spezialitäten aus der Gegend zumindest probieren:

Deftige Küche in uriger Atmosphäre – Aachens älteste Gaststätte **Am Knipp** (Bergdriesch 3) lädt seit 1698 zum gemütlichen und leckeren Speisen ein. Flammkuchen, Steaks und Sülze sowie viele internationale Spezialitäten – da bleiben keine Wünsche offen. www.amknipp.de

Der **Sauerbraten-Palast** (Vaalser Str. 316) gilt als „Öcher Original" und der Name ist Programm. Der köstlich zubereitete Sauerbraten mit Printensauce macht aus der gutbürgerlichen Küche einen königlichen Genuss. Der Sauerbraten-Palast ist jetzt nicht unbedingt ein hippes In-Restaurant; die Zylinder samt Marienstatue an der Theke sind aber dennoch ein Blickfang! Wenn Du Aachen und die Aachener kennenlernen möchtest, bist Du hier an der richtigen Adresse – Öcher Flair pur.

Auch die **Albrecht-Dürer-Stube** (Fischmarkt 7) bietet leckeres, regionales Essen. Da wäre zum Beispiel „Himmel und Eäd", also gebratene Blutwurst mit Kartoffeln und frischen Äpfeln oder Muscheln rheinische Art. Gemütlich sitzt es sich außerdem. Und wenn Du im Sommer kommst, hast Du einen schönen Blick von der Terrasse auf den Dom.

Polnisch

Das **Polonia** (Marienbongard 24-26) serviert polnische Spezialitäten wie Bigos, also gedämpften Weißkohl mit Sauerkraut und Fleisch, und hausgemachte Pirogen. Das polnische Bier dazu darf natürlich auch nicht fehlen! Achte auf die Studentenwoche! Da gibt es täglich zu einem anderen leckeren Gericht ein Getränk gratis für die armen Schlucker... www.polonia-aachen.de

Auch im **Hotel-Restaurant Hansa-Haus** (Von-Coels-Str. 42) bekommst Du auf Anfrage schlesisches Essen. Von außen sieht das rote Gebäude toll aus, innen erwartet Dich eher nüchtere Biederkeit – aber die Rinderrouladen hauen's raus! www.aachen-hansahaus.de

Türkisch

Wenn Du nicht immer nur Döner, sondern wirklich türkisch essen möchtest, dann kannst Du das im **Kazan** (Annastr. 26). Börek, Bulgur und Köfte sowie unbekanntere Köstlichkeiten lassen nicht nur

das orientalische Herz höher schlagen! Die Räume sind hell und ein wahrer Kosmos von Grünpflanzen wächst und gedeiht hier – ein bisschen Dschungelfeeling kommt da auf... www.kazan.de

Im **Magellan** (Pontstr. 78) werden türkische und regionale Kultur vereint: Das Restaurant kann sogar ein Stück alte Barbarossa-Mauer, also einen Überrest der einstigen Stadtmauer, zu seinem Inventar zählen. Köstliche türkische Speisen zu moderaten Preisen sorgen für ein zufriedenstellendes Mahl. So lecker: Humus mit Pide, Sigara Böregi oder Köfte. Afiyet olsun! www.magellan-ac.de

Auch das **Öz Urfa** (Steffensplatz 1) darf nicht unerwähnt bleiben. Die Grillteller und verschiedenen Dönerspezialitäten (z.B. Döner mit Gouda überbacken) sind der absolute Renner. Hier sitzt Du etwas eng, aber gemütlich in original türkischem Ambiente.
www.ozurfa-aachen.com

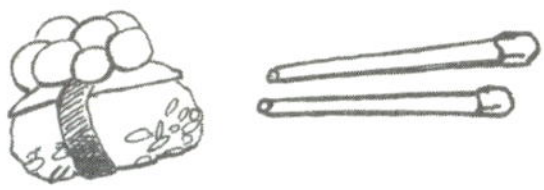

Japanisch

Roher Fisch ist genau Dein Ding? Dann ab mit Dir ins **Oishii** (Pontstr. 83). Hier hast Du eine große Auswahl: Über Spieße mit Jasminduftreis und Kohlsalat oder flambierte Rollen, von Aal umhüllt, bis zur großen Sushi- bzw. Sashimi-Platte ist wirklich für jeden etwas dabei. Die Inneneinrichtung repräsentiert edle asiatische Ästhetik. Wenn Du willst, suchen sie Dich mit den leckeren Gerichten auch heim! www.oishii.de

Das **Crazy Sushi** (Büchel 53) ist ebenfalls eine gute Anlaufstelle mit nettem Ambiente für japanische Köstlichkeiten, sei es nach dem Einkaufsbummel in der Stadt oder auch im Anschluss an eine anstrengende Vorlesung. Hier gibt's zum Beispiel Lachssalat mit

Wasabidressing, japanische Nudelsuppe mit Fisch oder gekochtes Krebsfleisch und Sushi sowieso. www.crazy-sushi.de

Italienisch

Der kleine Familienbetrieb **Bella Italia** (Jakobsstr. 22) ist ein besonderer Geheimtipp: Selbst gemachte Nudeln, stets variierende Speisekarte und sehr persönliche Atmosphäre in kleinem Rahmen machen dieses Restaurant aus. www.ristorante-bella-italia.com

Ebenfalls als klein und gut erweist sich die **Pizzeria Sardigna** (Pontstr. 109). Das Essen ist lecker und preislich absolut auf studentischem Niveau.. Frittierte Sardinen sind hier eine feine Idee! Und im Sommer gehörst Du auf jeden Fall auf die wunderschöne Terrasse.

In direkter Nachbarschaft liegt das **La Finestra** (Pontstr. 123). Überbackene Auberginen, jede Menge Pizza oder Lasagne mit Bechamelsauce. Die Preise hier sind echt nett zum Portemonnaie!
www.pizzeria-lafinestra.de

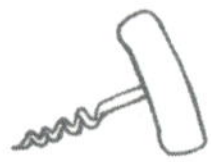

Wenn Du ein großer Nudelfan bist, solltest Du das **Pasta** (Jakobstr. 1) besuchen! Es muss nicht immer Bolo sein, hier bekommst Du edle Ravioli mit Flusskrebsen und vielleicht auch mal mit Printenfüllung. Das kostet dann den einen oder anderen Euro mehr. Die herrliche selbstgemachte Pasta kannst Du übrigens auch auf dem Wochenmarkt erstehen.

Griechisch

Die Erwähnung von Souflaki und Tsatsiki lassen Dir das Wasser im Mund zusammen laufen? Viele verschiedene Fisch- und Fleischgerichte nach griechischer Manier serviert das **Limeri** (Ludwigsallee 25). www.limeri.com

Zentral gelegen, mit gemütlicher, mediterraner Innenausstattung, lädt das **Palladion** (Schmiedstr. 3) zum Speisen ein. Gebackener Ziegenkäse, Kaninchenkeule oder Printentiramisú – das klingt köstlich, oder? Das Ganze gibt's unter den wohlwollenden Blicken steinerner griechischer Gottheiten und in pompös verzierten Sitzecken. www.palladion-ac.mediocard.de

Als eines der ältesten griechischen Restaurants Aachens gilt das **Insel Rhodos** (Jakobstr. 99). Nicht nur die leckeren typisch griechischen Gerichte lassen an Urlaub denken, der Mahlzeit auf der hauseigenen Terrasse an einem lauen Sommerabend fehlt eigentlich nur noch der Meerblick. Du kannst hier leckere Vorspeisen wie Auberginensalat oder Artischockenherzen bekommen, zum Hauptgang gibt es eine große Auswahl an Fisch- und Fleischgerichten und als Vegetarier wirst Du auch glücklich. Die Karte präsentiert nämlich viele fleischlose Leckereien wie mit Reis, Kräutern und Tomatensauce gefüllte Weinblätter oder Auberginenschnitzel mit Paprika. www.insel-rhodos-aachen.de

Mexikanisch

Nicht nur leckere Cocktails gibt's im **Sausalitos** (Markt 52-54): Hier kannst Du auch, fernab von Wüste und Kakteen, köstlich mexikanisch speisen. Mit DJ und lauter Musik eher ein Platz, im in Partystimmung zu kommen, denn ein Ort der Entspannung. Hier kannst Du die leckeren Burger probieren, aber auch indisch anmutendes wie Hähnchen mit Madrascurry. Es gibt witzige „Combo Towers", das sind Etageren, auf denen verschiedene Gerichte warten:

Hühnchen, Knoblauchbrot, Chili con carne, und Anderes. Das könnt ihr ab vier Personen bestellen und es kostet jeden 15,50 Euro. Eine Spezialität sind hier die gegrillten Sauerteigbrote, die mit netten Aufstrichen, Pasten und Beilagen daherkommen. Ansonsten natürlich die üblichen Enchiladas, Burritos und Fajitas ... Und es lohnt

sich, nach Aktionen wie Happy Hour oder Ähnlichem Ausschau zu halten. Hier sitzt Du eng, aber die freundliche Einrichtung und die warmen Farben sorgen für Gemütlichkeit. www.sausalitos.de

Das Motto „Cocktails und TexMex" verfolgt auch das **Tijuana** (Markt 45-47) in nächster Nachbarschaft. Tagsüber Restaurant, abends Party-Location. Hier kannst Du zum Anfangen auch eine gute Mischung aus allem wählen. Die heißt im Tijuana „Big Starter Platte". Übersetzt bedeutet das: Chips und Dips, Chicken Nuggets, Onion Rings und gute Pommes. Und danach? Fajitas, Burritos und ein kühler Caipirinha....Vielleicht bekommst Du einen Platz direkt an der großen Fensterfront? www.aachen.bar-tijuana.de

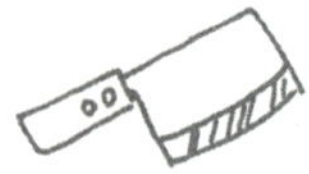

Arabisch

Eine große Auswahl an arabisch-persischen Gerichten mit wechselnder Tageskarte: **Die Karawane** (Rossstr. 61) entführt Dich in den Orient. Beim vorzüglichen Mahl inklusive Wasserpfeife und Bauchtanz-Darbietung hast du das Gefühl, zeitweise in die Welt von 1001 Nacht einzutauchen. Die ganze Deko ist schön darauf abgestimmt: Dicke Teppiche, tolle orientalische Lampen und überhaupt alles, was ein arabischer Abend braucht. Falafel, Wraps, Tabuleh und Minz-Joghurt bestellen und sich wie Aladin fühlen. Übrigens kannst Du das auch zuhause, denn die Karawane stellt einen Partyservice! www.restaurantkarawane.de

Libanesische Spezialitäten stehen auf dem Programm des **Restaurants Akl** (Pontstr. 1-3). Das Essen ist von ausgesuchter Qualität und der Geldbeutel weint nicht. Hier merkst Du gleich, dass Könner am Werk sind. Die Speisen sind aus frischen und erlesenen Zutaten kombiniert. Dein Gaumen und Du, ihr werdet (angenehm!) überrascht sein. Du bekommst Humus in allen Varianten hier, Sesampaste, Salate mit Falafel, lecker gefüllte Sandwichs und alle möglichen Grillspezialitäten. Auch Menschen, die kein Fleisch brauchen, wer-

den hier glücklich! Innen triffst Du auf viel Holz und freundliche Farben. Also: Platz nehmen lohnt sich. www.akl-orient.de

Ein bisschen außerhalb des Boxgrabens gelegen, findest Du das **Palmyra** (Reumonstr. 41), das Du auch mal kennenlernen solltest, wenn Dir die arabische Küche schmeckt. Hier gibt es speziellere Gerichte wie geröstete Lammleber oder Shrimpskebab und vor allem Rezepte aus der syrisch-libanesischen Küche. Die goldenen Säulen innen sind ein bisschen gewöhnungsbedürftig, aber wenn's Dir nicht gefällt, bleibt immer noch die Terrasse. www.restaurantpalmyra.de

Spanisch

Die Spanier und ihre Tapas – eine Tradition, die sich auch außerhalb der Landesgrenzen größter Beliebtheit erfreut. So natürlich ebenfalls in Aachen: Im **Paella** (Kockerellstr. 22) kannst Du neben einer schmackhaften Auswahl am Tapas-Buffet auch warme Gerichte von der Mittagskarte zu moderaten Preisen genießen. Die Tapas-Schale kostet 2,40 Euro inklusive Brot und die schummrig-kuschlige Atmosphäre gibt's gratis dazu. Abends macht reservieren Sinn! www.restaurant-paella.de

Das **Besitos** (Kapuzinergraben 19) präsentiert sich ebenfalls ganz unter dem Motto der spanischen Küche und weiß auch durch Gambas-Abende oder Salsa-Partys zu unterhalten. Hier bekommst Du kalte Tapas, warme Tapas, gebackene Tapas und andere Köstlichkeiten. Die vier Saucen, aus denen Du wählen kannst, sind der Hit! Gönn' Dir eine Dosis Spanien. www.besitos.de/aachen

Indisch

Der eine mag es zu karg eingerichtet finden, hat er sich doch unter „indischem Ambiente" etwas anderes vorgestellt. Der andere sieht die Essenz, das Essen, im Vordergrund – und wird begeistert sein.

Das **Tandoori** (Karlsgraben 37) präsentiert und serviert die indische Küche in ihrer ganzen Würze und Vielseitigkeit. Du kannst zwischen verschiedenen Menüs wählen und die Auswahl für Vegetarier ist auch erfreulich groß. Papadam, Linsen, Lamm, leckere Sünden aus dem Tandoori-Ofen – alles, was Du Dir von einem indischen Abend erhoffst. Gehobenere Preise, aber sehr schmackhaft!
www.tandoori-aachen.de

Noch ein echter Geheimtipp ist das **Mostard** (Mostardstr. 20). Die Einrichtung haut Dich möglicherweise nicht gerade vom Hocker, aber das Essen – und darauf kommt es jawohl an, oder? – ist umso besser. Wenn Du nach der Kartenlektüre noch unschlüssig bist, sei Dir die Koriandersuppe und das Fischcurry ans Herz gelegt.

Asiatisch

Wenn Du großen Hunger hast und asiatisches Essen magst, solltest Du das **Hong Yun Lai** (Gut-Dämme-Str. 10-12) aufsuchen! Das chinesisch/mongolische All-You-Can-Eat-Restaurant bietet ein abwechslungsreiches Buffet an Beilagen, die Dein frisch zubereitetes Fleisch umranden. Es gibt sogar Känguru! Und wenn's nicht das Buffet sein soll, kannst Du auch eines der opulenten Menüs für zwei wählen, oder andere Köstlichkeiten von der Karte wie Pekingente, Haifischflossensuppe oder gebratenen Tintenfisch. Und leckere vegetarische Gerichte mit gebratenem Reis oder gebratenen Nudeln gibt es hier außerdem. www.hongyunlai.de

Echte thailändische Küche inklusive der entsprechenden Atmosphäre findest Du im **Lai Thai** (Büchel 5) im Herzen der Stadt. Der Mittagstisch ist auch empfehlenswert. Eher klein, also am besten reservieren! Auf der Karte stehen leckere, verschieden gewürzte Suppen, Salate mit Fleisch oder Fisch oder Nudeln oder Früchten als Basis. Roter Curry, Zitronengras oder grüner Pfeffer sorgen für ein Aromen-Feuerwerk auf Deiner Zunge. Die gemütliche

Einrichtung mit jeder Menge hellem Holz und viel Licht tut ihr Übriges. www.laithai-aachen.de

Im **Sukhothai** (Wirichsbongardstr. 19), einem Restaurant mit geschichtsträchtigem Namen (so hieß ein Königreich im Norden Thailands zwischen dem 13. und 15. Jahrhundert), in direkter Nähe zum Elisenbrunnen, bleiben dem asiatisch affinen Gaumen keine Wünsche offen. Hummerkrabben, Entenbrust und frisches Gemüse – yummy! www.sukhothai-restaurant-aachen.de

Amerikanisch

Voll und ganz dem Südstaaten-Flair verschrieben hat sich das **Louisiana** (Friedrich-Wilhelm-Platz 4-6). Du hast die Qual der Wahl zwischen wraps, baked potatoes, Hühnchen mit allen erdenklichen Beilagen, Salaten, Burgern, und, für Spezialisten: Gourmet-Burgern. www.louisiana-aachen.de

Wenn Du mal wissen willst, wie sich die Figuren auf den American-Diner-Gemälden von Edward Hopper so gefühlt haben, solltest Du dem **Potatomans Diner** (Neuenhofstr. 129) einen Besuch abstatten. Denn genau so sieht's hier aus! Eine spannende Auswahl von Burgern vom Camembert-Burger über den Hawaii Burger bis zum Chili Burger möchte probiert werden. Onionrings und Chicken Wings sind auch am Start und etliche superscharfe Saucen gibt's gratis dazu. www.potatomans-diner.de

Nudelland

Bei **Nudeln & Co.** (Büchel 41) kannst Du für einen Festpreis so viel essen, wie Du verträgst. Das All-You-Can-Eat-Angebot umfasst Nudelgerichte sowie Pizzen und mexikanische Spezialitäten. Und wenn Du ein guter Esser bist, knackst Du vielleicht sogar den Rekord der größten Anzahl der von einer Person an einem Abend verzehrten Gerichte! www.nudelnundco.de/aachen.html

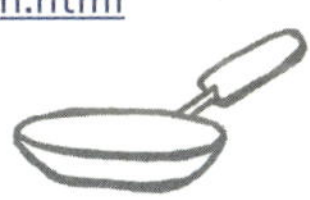

Besondere Lokalitäten

In dem kleinen Laden namens **Annas Tafel** (Pontstr. 62) bekommt man Einfaches ganz lecker: frisch zubereitete Brote („Tartines") mit allerlei exotischen und vor allem frischen Zutaten. Das Haus verlassen, um woanders belegte Brote zu essen? Nee, oder?

Doch! Hier geht es um belegte Brote de luxe. Sie kommen mit Salaten, warmen Früchten, Trüffelsalami und tollen Kräuteraufstrichen oder essbarem Lavendel daher. Gehobene Preise und gelegentlich längere Wartezeiten stehen durchaus im Verhältnis zur Qualität. Hier harrt ein unvergessliches Erlebnis Deiner.

Das **Finders** (Neuenhofer Weg 3) ist ein Indoor-BBQ Restaurant. Wenn es also in Strömen regnen sollte, muss das Grillen trotzdem nicht ausfallen. Jeder Tisch verfügt über einen Lavastein-Grill, auf dem Du mit einem langen Spieß nach Herzenslust zubereiten kannst, was Dich vom Buffet anlacht. Verschiedenste Fleischsorten und eine große Auswahl an Beilagen stehen Dir zum Festpreis zur Verfügung. Auch ein vegetarisches Buffet kannst Du wählen – dann musst Du aber vorbestellen!

Das Ambiente hier ist recht stylisch. Erwachsene zahlen 23,95 Euro, Kinder von vier bis sieben Jahren 8,95 Euro und Kinder zwischen acht und elf Jahren 13,95 Euro. www.finders-aachen.de

Wenn es mal etwas edler sein darf, sei Dir das **La Becasse** (Hanbrucher Str. 1) (schwer zu glauben, oder? Die Übersetzung des wunderschön klingenden Wortes ist Schnepfe!) ans Herz gelegt. Hier gibt es fantastische französische Küche mit

klasse Service und nicht zu steifer, aber veritabler Verwöhnatmosphäre. Für alle, denen bei den Wörtern Lavendelkruste, Tartelette, Senfeis, Trüffel und gebratene Birne das Wasser im Mund zusammenläuft. Es gibt täglich wechselnde Menüs zu durchaus bezahlbaren Preisen und eine riesige Weinkarte, die allerdings bei 35 Euro die Flasche anfängt. Im Sommer raus mit Dir auf die Terrasse! www.labecasse.de

An einem Ort, an dem man kein Restaurant vermuten würde, befindet sich das **kohlibri** (Neuenhofstr. 160): In der obersten Etage des BMW-Autohauses Kohl kann man – auch auf der schönen großen Terrasse – richtig gut essen.

Was? Na, zum Beispiel Thunfisch-Carpaccio, Seeteufel, Schaumsuppe von Waldpilzen, Zander, knusprige Gemüsetaschen und als Dessert warme Mandelpralinen mit Nougatfüllung! Gratis dazu gibt's den grandiosen Ausblick über die Stadt und Umgebung. Also: Schmausen und staunen! www.restaurant-kohlibri.de

Kaffee

endlich Cappuccino

Durst? Durst?
Durst?
Durst?
Bier
Bier
Bier
Wein
Wein
Kaffee
Bier
Cappuccino
endlich
Cappuccino
Kaffee
Wein
Bier

Egal, ob es um den Aufwach-Kaffee am Morgen, die Teatime am Nachmittag, das Feierabendbierchen oder den Absacker in der Nacht geht, das passende Getränk zur richtigen Zeit am richtigen Ort ist weit mehr, als nur die Absicht, den Durst zu stillen. Wo Du – je nach Tageszeit und Stimmung – Dein Lieblingsgetränk zu Dir nehmen kannst, verrät Dir dieses Kapitel.

Kaffee

In Aachen tummeln sich zu jeder Zeit etliche Touristen, und da die meisten von ihnen auch gerne an einem hübschen Örtchen ein leckeres koffeinhaltiges Getränk zu sich nehmen, findest Du entsprechend viele Cafés in der Innenstadt. Wenn Dir also der Sinn nach einem Wachmacher-Espresso, einem Nachmittags-Cappuccino mit Freunden oder dem traditionellen Kaffeeklatsch mit dem Familienbesuch sein sollte – in Aachen hast Du viele Möglichkeiten, in gemütlicher, rustikaler, durchgestylter oder studentischer Umgebung Dein Heißgetränk zu schlürfen.

Geschmacklich kommst Du allemal auf Deine Kosten – egal, ob Du den Kaffee schwarz, mit Milch oder Zucker, aromatisiert, mit Sahne oder in einer der italienischen Varianten trinken möchtest.

Sitzkaffee

Du hast Lust, Dich mit einem spannenden Schmöker gemütlich in einen Stuhl zu fläzen und während der Lektüre einen köstlichen Kaffee zu genießen? Wenn Du Dich zu den Bücherwürmern zählst, könnte das **CAFÉ LIÈGE** (Buchkremerstr. 1-7)

in der Mayerschen Buchhandlung (direkt am Elisenbrunnen) die richtige Wahl für Dich sein. Hier kannst Du zu Deinem Latte macchiato in Deinen neuesten Errungenschaften blättern oder einfach den tollen Blick über Aachen genießen. Samstags wird's recht voll, weil sich die Kaufwütigen vor Ort gerne das Päuschen von der anstrengenden Einkaufstour gönnen. www.cafe-liege.de

Im schlichten und doch gemütlichen **Oronero** (Pontstr. 13) wird das Kaffeetrinken als Lebensart zelebriert und darum großer Wert auf Qualität und Geschmack gelegt. Bei gutem Wetter lässt sich la Dolce Vita hervorragend auf der Terrasse des denkmalgeschützten Gebäudes auskosten. Während Du Deinen Kaffee genießt, kannst Du Dich dann auch gleich über das Tagesgeschehen informieren – aus einer der vielen Zeitungen, die hier ausliegen. Vielleicht ruhst Du Dich auch einfach nur vom Besuch des Zeitungsmuseums aus, das sich im selben Gebäude befindet. www.oronero.de

s. „Kultur und so", S. 192

Willst Du Dir einen ausgedehnten Kaffeeklatsch gönnen, dann bist Du im **Café zum Mohren** (Hof 4) genau richtig. Die Preise sind zwar etwas gehobener, dafür fühlt man sich im gemütlichen mehrstöckigen Café so wohl, dass man am liebsten stundenlang bleiben möchte, um sich durch die herrlichen Kuchenspezialitäten durchzufuttern. www.cafezummohren.de

Das **Café M** (Dammstr. 29-31) ist ein Ort mit bunt gemischtem Publikum, an dem zu jeder Zeit ein spätes Katerfrühstück zum Kaffee möglich ist. Die Atmosphäre ist freundlich und familiär, die Bedienung aufmerksam und herzlich. Dazu noch der Blick durch die großen Fenster in den Burtscheider Kurgarten, was will man mehr? www.cafe-m-aachen.de

…r Tipp für alle Kaffeeverrückten, die besonderen Wert auf außergewöhnlichen Geschmack legen, ist das **Maqii** (Pontdriesch 17). Die sorgfältig ausgewählten Kaffeesorten, meist in Bioqualität, kannst Du in dem kleinen Laden auch kaufen, aber viel besser schmecken sie noch, wenn Du sie als Espresso oder Cappuccino gleich direkt neben den Röstmaschinen probierst. Hier wird experimentiert und sich natürlich übers Thema Kaffee ausgetauscht. Als Kaffeegourmet bist Du sehr gut aufgehoben. www.maqii.de

Zugleich Café und Bar und so gemütlich wie ein zweites Wohnzimmer – so lässt sich das **Café Kittel** (Pontstr. 39) beschreiben. Im Kittel fällt es keinem schwer, sich wohlzufühlen. Die Preise sind moderat, die Lage ist zentral, die Stimmung an den kleinen Tischgruppen entspannt und einen kleinen Biergarten gibt es auch – eigentlich stimmt hier alles! www.cafekittel.de

In direkter Rathausnähe findest Du das **EGMONT** (Pontstr. 1-3), ein wunderbar verwinkeltes und ausgesprochen gemütliches Café, das mit seinem Interieur aus viel Holz und viel Spiegel einen Hauch von Bohème verbreitet. Dem XXL-Milchkaffee solltest Du unbedingt eine Chance geben! www.cafe-egmont.de

Ob zur großen Tasse Kaffee zum Wachwerden, zum schnellen Espresso an der Theke oder zum nachmittäglichen Milchkaffee in der Sonne auf dem Vorplatz, das **Last Exit** (Krakaustr. 1) ist für alles gut: schlichtes Ambiente, gemischtes Publikum und herzlicher Service – genügend Gründe, hier vorbeizuschauen. www.mylastexit.de

Studentisches Publikum findet im Erdgeschoss des SuperC der RWTH alles, was man braucht, um die nächste Vorlesung wach zu überstehen. Das **C-Caffè** (Templergraben 57) bietet die diversen Kaffeevarianten zum kleinen Preis an der Kaffeebar. Ein angenehmer Ort, um Kommilitonen zu treffen, aber auch als Nichtstudent bist Du hier willkommen.
www.studentenwerk-aachen.de --> Essen --> Cafeterien

In der **Chocolate Company** (Ursulinerstr. 11) dreht sich zwar primär alles um Schokolade, aber hier kann man auch gut mit Kaffee umgehen. Überzeuge Dich einfach selbst davon, während Du im modernen, mit viel Holz eingerichteten Café sitzt und dabei das Treiben draußen auf der Straße beobachtest.
www.chocolatecompany.nl --> DE --> Aachen

Coffee to go

Auch wenn er nicht den besten Ruf genießt, der Mitnehmkaffee ist die perfekte Lösung, falls es einfach mal schnell gehen muss. Vielleicht wird er auch nicht immer höchsten Geschmacksansprüchen gerecht, aber dafür ist er an fast jeder Ecke zu bekommen.

Die **Bäckerei Oebel** (z.B. Pontstr. 142) gibt Dir einen guten Kaffee mit auf den Weg – und wenn Du magst, ein leckeres belegtes Brötchen gleich mit dazu. www.oebel.de

Auch bei **Nobis** (am Münsterplatz 3), dem Printen- und Backwarenladen bereitet man Dir einen anständigen Coffee to go zu.
www.nobis-printen.de

Wer es mit besonders gutem Gewissen möchte, schaut am besten bei **Coffeelution** (Wüllnerstr. 9) vorbei, der Kaffeebar direkt neben dem Audimax der RWTH. Hier gibt es schnellen, günstigen und vor allem leckeren Kaffee in allen Variationen – und das Ganze immer Fair Trade und Bio. www.coffeelution.com

Wenn Du den süßen, aromatisierten Kaffee einer großen Kette bevorzugst: Die obligatorische **Starbucks-Filiale** (Markt 35) darf natürlich auch in Aachen nicht fehlen. Na, dann kann der Tag ja losgehen! www.starbucks.de --> Coffee House Suche --> Aachen

Wein

Aachen kann man nicht gerade als Weingegend bezeichnen, aber auch hier hat man schon mal von Genuss und Lebensfreude gehört und gönnt sich gerne mal ein Gläschen. Experten, die einen richtig guten Tropfen anbieten und Dich beim Weinkauf außerdem gut beraten, gibt es hier einige.

Soll es mal ein bisschen exklusiver sein, findest Du bei **Aix Vinum** (Kleinmarschierstr. 39) den richtigen Wein. Hochwertige Tropfen aus aller Welt und in allen Preisklassen hat der Laden im Sortiment. An Weinseminaren kannst Du hier auch teilnehmen und zumindest mal eine Ahnung bekommen, wie ein richtig guter Roter oder Weißer so schmecken kann. www.aixvinum.de

Auch **Nagel & Hoffbaur** (Theaterstr. 63-65) bietet eine Vielzahl unterschiedlichster Weine an. Das Traditionshaus setzt nicht nur auf die klassisch hochwertigen Tropfen, sondern hat auch „Trendweine" für den jüngeren Weininteressierten im Lager. Wenn es was für den etwas kleineren Geldbeutel sein soll, hilft Dir das Weinoutlet mit wechselnden Angeboten bestimmt weiter.
www.nagelundhoffbaur.de --> Wein-Outlet

In schönen, alten Kellergewölben werden bei **Caves d'Aix** (Oppenhoffallee 133) Wein, Sekt und Spirituosen angeboten. Für alle Frankenbergviertel-Liebhaber wäre vielleicht der Rieslingsekt „Le Frankenberger" einen Versuch wert? www.cavesdaix.de

Mit über 700 Weinsorten hast Du im **Weinhaus Lesmeister** (Pontstr. 60) wirklich die Qual der Wahl! Hier berät man Dich nicht nur gut beim Kauf eines exquisiten Tropfens, das Edelzubehör vom Korkenzieher aus Chirurgenstahl bis zum Karaffenständer bekommst Du auch vor Ort. Als Neu-Aachener kannst Du hier außerdem gleich etwas Gutes tun: Mit dem Kauf des „Aachener Domsekts" unterstützt Du den Erhalt des UNESCO-Weltkulturdenkmals Aachener Dom. www.weinhaus-lesmeister.de

Wenn Aachen schon nicht mit einem eigenen Anbaugebiet gesegnet ist, kommen eben die Winzer mit ihren Weinen hierher. Jedes Frühjahr zur **„WeinAachen"-Messe** und im Sommer zum **Aachener WeinSommer**. Hier werden Weine und Anbaugebiete vorgestellt und drumherum gibt es viele Angebote und Veranstaltungen rund ums Thema.

Für mehr Information schau einfach mal bei www.weinsommer.de oder www.weinaachen.de vorbei.

--> Weinfeste Aachen

Weinlokale

Wenn Du nicht so tief ins Thema eintauchen und Dich lieber gleich der praktischen Seite widmen möchtest (oder vielleicht der Meinung bist, dass Du sowieso schon längst den Expertenstatus erreicht hast), geh am besten gleich ins Weinlokal. Davon hat Aachen ein paar richtig gute zu bieten.

Im **Vertical, die Weinbar** (Kockerellstr. 13) mit dem edlen Holzmobiliar und den zum Teil weiß bezogenen Stühlen sieht's ziemlich schick und gleichzeitig sehr gemütlich aus. Im offenen Ausschank kannst Du hier Deinen Wein zum guten Preis-Leistungs-Verhältnis trinken. Besonderen Spaß macht das an einem Sommerabend draußen vor der Weinbar. Wer vom großen Angebot überfordert ist, wird freundlich und geduldig beraten. Wenn Du ein angehender Weinkenner bist – Weinseminare kannst Du hier auch besuchen.
www.dieweinbar.de

Die ehemalige Kaiser-Karl-Weinstube heißt inzwischen **La Jeunesse** (Pontstr. 6) und befindet sich in einem schönen, alten Aachener Fachwerkhaus. Hier sind zum (vorwiegend französischen und italienischen) Wein die tollen Flammkuchen unschlagbar. Weinfässer, die als Tische dienen, sorgen fürs rustikale Ambiente und machen richtig Lust auf einen guten Schluck.
www.kk-weinstube.com

Cocktails

Dir kann Dein Getränk am Abend nicht bunt genug sein und auch vor Zuckerrand und Schirmchen obendrauf schreckst Du nicht zurück? Dann kommst Du in Aachen nicht um die Pontstraße rum, denn hier herrscht die höchste Dichte an Cocktailbars und Clubs. Die drängen sich vor Ort auf engstem Raum und dazwischen gibt's auch noch den einen oder anderen Schnellimbiss für die kleine Hungerattacke zwischendurch. Wenn Du also beim Ausgehen gerne ein paar hochprozentige Mixgetränke zu Dir nehmen möchtest, bist Du in einer der folgenden Lokalitäten ganz gut aufgehoben.

Günstige Preise, schnelle Bedienung, lockere Atmosphäre – so lässt sich kurz und knapp das **Kaktus** (Pontstr. 121) beschreiben. Im Sommer kannst Du Deinen Mojito oder Caipi (oder was auch immer Dein Lieblingscocktail sein mag) draußen, mitten auf der Pontstraße, genießen. Wenn das alles noch nicht verlockend genug für Dich klingt, dann aber ganz bestimmt die Angebote am Freitag und am Samstag: Da bekommst Du Deinen Cocktail nämlich schon ab 3,80 Euro – sogar to go zum Weiterschlendern auf der Pontstraße.
www.kaktusaachen.de

Du beherzigst das Do-it-yourself-Prinzip und willst lieber selbst den Shaker in die Hand nehmen? Dann ist vielleicht die Cocktailschule **die mischbar** (Markt 45-47) mit ihren Kursen für Anfänger oder angehende Profis eine gute Adresse. www.die-mischbar.de

Beim Mexikaner **Tijuana** (Markt 45-47) hast Du eine Riesenauswahl an leckeren Cocktails. Wenn Dir einer davon ganz besonders gut schmeckt und Du einigermaßen trinkfest bist, kannst Du ihn auch in der Jumbo-Variante bestellen. Ganz billig kommst Du hier zwar nicht davon, dank guter Stimmung und sehr netter Bedienung ist der Laden aber vor allem am Wochenende immer richtig voll. Bis 21.00 Uhr und den ganzen Montag gibt's übrigens alle Cocktails zum halben Preis. www.aachen.bar-tijuana.de

Very stylish sitzt man im Loungebereich der **Molkerei** (Pontstr. 141). Wenn es schön warm ist, lohnt sich ein Besuch hier ganz besonders: Auf der „größten Terrasse der Pontstraße" mit Freunden zusammenhocken und dabei einen Cocktail süffeln – so kann der perfekte Samstagabend losgehen. Denn Du bist schon mitten im bunten Treiben der umliegenden Bars und Restaurants! Im Winter gibt's draußen zwar Plastikplanen und Heizpilze, ist aber dann doch irgendwie nur noch der halbe Spaß. Zum Glück kann man ja immer noch in den Innenbereich umsiedeln. www.molkerei-ac.de

Eine gelungene Mischung aus Café, Kneipe, Pub und Cocktailbar ist das **SOWISO & OCEAN** (Pontstr. 164-166) – perfekt für eine gesellige Runde in angenehm unaufgeregter Atmosphäre. Gehört für Dich zu einem entspannten Abend außer dem Mixgetränk auch Spaß beim Spiel dazu? Dann wirst Du Dich bestimmt bald am Billardtisch, vor der Dartscheibe oder am Kickertisch wiederfinden. www.sowiso-aachen.de

Eine ganz schön aufgestylte Einrichtung macht das **Monoheidi** (Marienbongard 2) zum hippen Anlaufpunkt für alle, die aufs

besonders chillige Cocktailschlürfen stehen. Musik vom DJ gibt's jeden Mittwoch bis Samstag aufs Ohr und bei der Happy Hour montags und dienstags kosten die Cocktails nur 4,90 Euro.
www.monoheidi.de

Plüschig-heimelig und ganz im Stil der 70er kommt die **Hildegart** (Büchel 11) daher. Hier geht's recht persönlich zu und die Cocktails sind lecker und bezahlbar. Das Tanzbein darf auch ab und zu geschwungen werden – mehrmals im Monat heizen wechselnde DJs den Leuten ordentlich ein. Wer die Getränkemixerei selbst ausprobieren möchte, kann in der Hildegart auch einen Cocktailkurs belegen. www.hildegart.de

Bier

Die Lage im Rheinland führt auch bei den Öchern zu einer ausgeprägten Kneipen- und Bierkultur. Darum kommen die Anhänger des Kölsch genauso auf ihre Kosten wie die Altbier-Fans.

Aachen kann aber auch mit zwei eigenen Brauereien aufwarten: **DEGRAA** und **Lennet** heißen die einheimischen Biere, die Du als Neu-Aachener unbedingt kennen und ausprobieren solltest. In den Bierkneipen der Stadt trifft sich an jedem Tag der Woche ein bunt gemischtes Völkchen. Traditionell oder modern, eher gemütlich oder ganz hip – jeder Bierfreund findet hier seine Nische. Damit Du nicht lange nach Deiner Lieblingskneipe suchen musst, haben wir schon mal ein bisschen Vorarbeit geleistet. Irish Pub, edle Bierkneipe und Studentenspelunke - gibt's alles in Aachen!

... in der Kneipe

Herrlich trashig mit altbackenen Möbeln und 70er-Jahre-Tapete lädt das **Hotel Europa** (Südstr. 54) dazu ein, Dich wie im heimischen Wohnzimmer zu fühlen. Das Musikprogramm reicht von Reggae über Elektro bis zu Balkan Beats. Das gut gelaunte Publikum trinkt hier gerne mal ein polnisches Bierchen.
www.deinhoteleuropa.de

So richtig wohl fühlst Du Dich als alter Bierliebhaber im **Domkeller** (Hof 1). Zentraler als in diesem schönen, alten Gebäude kannst Du in Aachen wahrlich kaum Dein Pils bestellen. Hier gibt es eine beachtliche Auswahl an belgischen Bieren, aber wer mag, darf sich auch ein irisches Guinness oder ein griechisches Mythos genehmigen.

Ja, Bierspezialitäten aus aller Herren Länder kannst Du hier kosten und die angenehm entspannte Atmosphäre zieht Publikum jeden Alters hierher. Das Open-Air-Bier im Hof schmeckt im Übrigen besonders gut. An Montagen kannst Du Dein kühles Blondes hier bei Livemusik zischen. www.domkeller.de

Die WG (Promenadenstr. 40) bezeichnet sich selbst als „kultig chaotische Kneipe mit Außenterrasse" und möchte mit ihrem Namen vielleicht schon andeuten, dass Du Dich hier wie zu Hause fühlen sollst. Ausgesprochen viel Liebe zum Detail lässt die originelle und kitschige Inneneinrichtung erkennen, in der Du von der angedeuteten WG-Küche über die antiquierte Nähmaschine bis zum beleuchteten Hirschkopf inklusive Geweih allerhand Skurriles

entdeckst. Gut gelaunte Leute, herzliche Stimmung, wechs Partymottos – spätestens nach dem zweiten Bier willst Du hier nicht mehr weg ... www.diewg-aachen.de

Die Kiste (Büchel 36) ist eine rustikale, ziemlich dunkle und meist rappelvolle Bierkneipe, in der man rund um die Theke oder an den kleinen Tischen bestens versacken kann. Wenn Du auf Weizen stehst, musst Du unbedingt montags hin, denn da kostet's nur 2 Euro.

Eine richtig hübsche und gemütliche Kneipe ohne viel Schnickschnack ist das **Dumont** (Zollernstr. 41) im Frankenberger Viertel. Sobald es warm genug ist, trinkt man hier sein frisch gezapftes Pils oder Kölsch gerne im dazugehörigen Biergarten. Außerdem finden hier immer wieder nette Konzerte verschiedenster Stilrichtungen statt. www.dumont-aachen.de

Im Irish Pub **Guinness House** (Neupforte 6) kannst Du nicht nur ein Guinness oder Kilkenny trinken, Pils und Kölsch stehen ebenfalls auf der umfangreichen Getränkekarte. Hier bekommst Du auf zwei Etagen richtiges Pub-Flair geboten und im Sommer geht's dann mit dem Bier auf die Terrasse. www.guinnesshouse.de

Wenn Du Flaschenbier und laute Rockmusik magst, wirst Du Dich im **Schlüsselloch** (Boxgraben 51) gut aufgehoben fühlen. Die Rockkneipe gilt seit vielen Jahren als Institution und lockt mit ihrer ausgefallenen Deko und der großen Auswahl an Bieren immer wieder eine Menge Gäste an. www.schluesselloch-ac.de

... im Freien

Um im Sommer das warme Wetter richtig auszukosten, solltest Du unbedingt mal in dem einen oder anderen Aachener Biergarten vorbeischauen. Viele Cafés und Kneipen, wie z.B. auch das Dumont oder das Café Kittel, haben richtig lauschige Außenbereiche. Lust auf Bierchen draußen in der Abenddämmerung?

Im Herzen des Frankenberger Viertels lockt die Eckkneipe **Insulaner** (Bismarckstr. 113) mit ihrem Biergarten am Neumarkt. Die Bedienung ist freundlich und die Currywurst oder das Schnitzel zum Bier sind auch ganz lecker. Zwischen all den schönen Altbauten kannst Du Dich einfach zurücklehnen und beobachten, was die Leute auf der Straße so treiben. www.insulaner-aachen.com

Am **Brandner Bahnhof** (Karl-Kuck-Str. 1) hält zwar kein Zug mehr, einen Stopp nach einer Radtour auf der Vennbahnstrecke solltest Du aber hier einlegen. Ein großer Biergarten im Grünen erwartet Dich – es muss ja schließlich nicht immer die Stadtmitte sein ...
www.brander-bahnhof.de

... na ja, meistens aber schon. Dann bist Du z.B. bei **Am Knipp** (Bergdriesch 3) an der richtigen Adresse. Es genießt den Ruf, die älteste Gaststätte der Stadt zu sein und in seinem Biergarten finden bis zu 120 Durstige einen Platz. www.amknipp.de

Das **Kuckucksnest** (Mauerstr. 92) bietet eine nahe Alternative, wenn Du nach langen Sonnenstunden im Westpark weiterziehen möchtest. Die familiäre und lockere Atmosphäre auf der Terrasse

des Kuckucksnests eignet sich perfekt dazu, einen Sommertag ausklingen zu lassen. www.kuckucksnest-ac.de

... und unterwegs

Wer denkt, Biertrinken und Sport sind absolut unvereinbar, für den werden sich auf dem **BierBike** möglicherweise ganz neue Perspektiven ergeben. Und wenn Du zusätzlich kein Problem damit hast, aufzufallen und Dich ein bisschen lächerlich zu machen, dann ist das spezielle Trinkerlebnis auf dem merkwürdigen Vehikel mit Pedalen und Bierfass das Richtige für Dich.

Mit einigen guten Freunden durch die Stadt radeln und dabei Bier trinken? Wenn Du das schon immer mal machen wolltest, kannst Du Dir hier die passenden Infos holen: www.bierbike-aachen.de

ISBN: 978-3-942733-06-9

Grillen

Biergarten

Biergarten

Badesee

Badesee

Badesee

Eis

Grillen

Sommer!
Es ist Sommer!
Sommer!
endlich
Kicken
Kicken
Grillen
Grillen
Badesee
Badesee
Grillen
Grillen
Biergarten
endlich
Biergarten

Sommer in Aachen = Wolken und Nieselregen? Das hartnäckige Gerücht, dass der Aachener Sommer nur am warmen Regen zu erkennen sei, ist natürlich längst wissenschaftlich widerlegt. Auch ein Öcher tauscht seinen Regenschirm in der warmen Jahreszeit gerne gegen Sonnenbrille, Schwimmflossen oder Picknickdecke.

s. „Mythen", S. 218

Du weißt, dass der Sommer in Aachen vor der Tür steht, wenn die Fontänen am Europaplatz in die Höhe schießen, Inhaber internationaler Restaurants die Pontstraße mit allen greifbaren Tisch-Stuhl-Kombinationen füllen, Bars und Kneipen ihre Biergärten öffnen und die Parks von Sonnenscheinsehnsüchtigen und Grillliebhabern bevölkert werden.

Sommer-Feeling – das bedeutet nicht nur, sich übers schöne Wetter zu freuen, es geht natürlich auch um die größten Eiskugeln, die perfekte Outdoor-Sportart, die gemütlichste Feuerstelle für Dein Grillgut und überhaupt die schönste Art, die heiße Jahreszeit so richtig zu genießen.

Eis

Es schmilzt, tropft und klebt, aber Du kannst im Sommer einfach nicht genug davon bekommen? Eis zählt im Juni, Juli und August beinahe schon zu den Grundnahrungsmitteln. Durchschnittlich verputzt jeder Deutsche etwa 8 Liter davon pro Jahr. Hauptsächlich in Kugelform wird es in den Eisdielen verabreicht und hilft Dir nicht nur, die schwülen Tage in der Stadt erträglich zu machen, sondern tröstet Dich auch immer ein bisschen darüber hinweg, dass Du Dich jetzt nicht gerade am italienischen Mittelmeerstrand befindest.

Auch in der Kaiserstadt gibt es einige Perlen der Eiskunst, die nicht nur ein Standardsortiment mit Schoko, Vanille und ein paar Fruchtsorten bieten, sondern das besondere Erfrischungserlebnis versprechen. Damit Du sicher sein kannst, dass es lohnenswert ist, sich in die Schlange zu stellen, kommen hier nur die besten:

In der Nähe des Grabenrings liegt das italienische Eiscafé **Del Negro** (Jakobstr. 73a). Neben seiner zentralen Lage punktet es mit den vermutlich größten Kugeln der Stadt. Am besten bestellst Du eine weniger als Du eigentlich geplant hast – dann könntest Du mit Deiner beabsichtigten Verzehrmenge richtig liegen. Eine solide Auswahl an leckerem hausgemachten Eis erwartet Dich hier, die Sorten wechseln immer mal wieder und ein „Eis des Tages" gibt es auch.

Diese Vorzüge des netten Ladens haben sich so weit herum gesprochen, dass sogar in mancher Wohnungsanzeige stolz auf die unmittelbare Nähe zu der beliebten Eisdiele hingewiesen wird. Weil das Del Negro längst kein Geheimtipp mehr ist, musst Du Dich gerade in den Sommermonaten leider darauf gefasst machen, dass Du vor der Eisdiele erst mal im Stau zwischen vielen anderen Eishungrigen stehen musst. Hast Du dann eine Portion von Deinem Lieblingseis erobert, kannst Du sie dafür aber direkt im nahe gelegenen Westpark genießen. www.eiscafedelnegro.de

Das **Delzepich** (Adalbertsteinweg 236, Ecke Bismarckstr.) ist eine Traditions-Eisdiele wie aus dem Bilderbuch. Das Eis wird hier mit

einer Art Spachtel auf die Waffel gestrichen und die Portionen fallen meistens ziemlich groß aus. Jeden Tag frisch und ohne künstliche Zusätze bekommst Du die gefrorenen Köstlichkeiten – wenn Du die eine oder andere Sorte mal ausprobiert hast, kannst Du bestimmt die Finger nicht mehr davon lassen.

Du glaubst, alle Eissorten zu kennen? Dann ist das **Scoops** (Oppenhoffallee 66) im Frankenberger Viertel ein ganz heißer Tipp! Es lockt mit über einem Dutzend Eissorten, darunter exotische Kreationen wie Haferflocke, Erdnuss-Salzkaramell und Indische Goldmango. Vanille ist hier nicht einfach nur Vanille, sondern „Madagaskar Vanille" und Schoko heißt „Belgische Schokolade". Klingt innovativ? Schmeckt auch superlecker! Viele Eissorten sind sogar laktosefrei und vegan. Das Scoops lädt nicht nur zur Kugel to go ein, sondern auch zum längeren Verweilen im schicken Ambiente seines Cafés.

Ausgefallene Eisbecher bekommst Du am Theaterplatz im **Eiscafé Al Teatro** (Am Kapuzinergraben 2a). Ein Erlebnis – nicht nur für den Gaumen – ist der Olympiabecher, der beim Servieren flambiert wird. Wer es mit ein bisschen Alkohol mag, sollte unbedingt auch die Eissorbets mit Sekt oder Wodka probieren. www.alteatro-aachen.de

Dich quält ein Bad Hair Day, Du zelebrierst gerade einen Rumgammel-Tag oder bist einfach nur zu faul, das Haus zu verlassen, hast aber ein unstillbares Verlangen nach Eis? Kein Problem – den Eisbecher oder -kaffee bringt Dir der Lieferdienst **Die Eishelden** bis an die Tür. Tel. 0241/46358863 www.die-eishelden.de

Badetag

Für eine Abkühlung von innen ist jetzt also gesorgt. Doch an besonders heißen Tagen möchtest Du Dich bestimmt auch einer Ganzkörpererfrischung unterziehen oder wenigstens Deine Füße ins Wasser strecken. Jetzt ist Plantschen, Schnorcheln und Tauchen angesagt!

Der Name „Aachen" leitet sich übrigens vom altgermanischen „Ahha" ab, was so viel wie „Wasser" bedeutet. Und mit dem ist die Stadt eng verbunden: Aachen hat die heißesten Quellen Mitteleuropas, ist mit Brunnen übersäht und wird, dem Gefühl vieler Touristen nach, auch vom Regengott begünstigt. Nur die Seenlandschaft und die Freibaddichte in näherer Umgebung lassen, zumindest auf den ersten Blick, so manchen Wunsch einer leidenschaftlichen Wasserratte unerfüllt.

Ein Öcher Spruch lautet: „Wenn Holland nicht wär, läg' Aachen am Meer". Das klingt jetzt vielleicht so, als sei Aachen ein ausgesprochenes Trockengebiet, aber keine Sorge, Wasser naht!

An einem nennenswerten Fluss liegt Aachen zwar nicht (die meisten Flussläufe sind unterirdisch), doch der Johannisbach wagt sich am Lindenplatz für ein paar hundert Meter an die Oberfläche. Eine schmale Rinne führt das bisschen Wasser entlang der Straßen Annuntiatenbach und Augustinerbach, bevor es kurz vor der Pontstraße dann wieder verschwindet. An besonders heißen Tagen kannst Du aber immerhin Deine Füße ein bisschen darin baden - an den anderen natürlich auch!

Freibäder

Das schönste Freibad in der Aachener City ist unumstritten das **Freibad Hangeweiher** (Am Hangeweiher 32)! Es liegt im edlen Süden der Stadt und hat außer dem 50-Meter-Becken mit Sprungturm ein Nichtschwimmerbecken mit Rutsche und ein Kinderbecken, in dem sich die ganz kleinen Badegäste austoben können.

Ein Basketballplatz und ein Volleyballfeld warten darauf, von Dir bespielt zu werden. Falls Du Fußball bevorzugst – auch das geht auf der großen Liegewiese. Und ein Kiosk sorgt dafür, dass Du nicht auf die herrlich ungesunde Freibadkost verzichten musst. Fritten, Eis und Süßigkeiten gehören einfach zum Freibadtag dazu, oder?

An warmen Tagen bleibt allerdings kaum ein Eckchen des Beckens ungenutzt. Wenn Du lieber viel Platz zum Schwimmen und Plantschen hast, machst Du Dich am besten schon frühmorgens auf den Weg. Von wann bis wann Du an welchen Tagen reingelassen wirst, erfährst Du hier: www.aachen.de --> Kultur & Freizeit --> Sport --> Schwimmbäder --> Freibad Hangeweiher

In der Region gibt es natürlich noch ein paar Schwimmbäder mehr: Wunderschön in der Nähe des Blausteinsees gelegen ist das **Freibad Dürwiß** (Zum Blaustein-See, Eschweiler). Badefans dürfen sich hier über eine 60 Meter lange Riesenrutsche, Massagedüsen und einen Wasserpilz freuen. Für den ernsthafteren Schwimmer steht auch ein Sportbecken zur Verfügung. www.eschweiler.de --> Freizeit/Kultur --> Bäder

Das **Freibad Herzogenrath-Merkstein** (Buschhoferweg, Herzogenrath) lockt nicht nur mit seinen großen Becken-Anlagen, die 60 Meter lange Hangrutsche ist ein echtes Highlight! Ein paar weitere Extras gibt's noch obendrauf: Neben Sprungturm, Massagedüsen und Nackendusche wartet das Bad auch mit einem Beachvolleyballplatz auf. www.herzogenrath.de --> Leben in Herzogenrath --> Freizeit & Sport --> Schwimmbäder & Sauner --> Freibad Herzogenrath-Merkstein

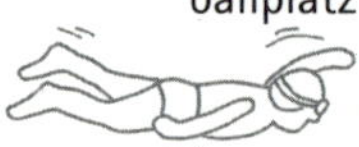

Eine großflächige Außenanlage bietet das **Ü-Bad** (Dammstr. 79) in Übach-Palenberg. Jeweils ein großes Außenbecken für die Schwimmer und die Nichtschwimmer findest Du vor Ort. Hier ist der Trubel nicht ganz so groß wie im Freibad in der Aachener Stadtmitte. www.uebach-palenberg.de --> Unsere Stadt --> Das Ü-Bad

Baggerseen in der Umgebung

Die Sonne glüht, der Schweiß tropft und Du brauchst dringend eine Abkühlung? Du willst nicht nur einen Zeh, sondern lieber Deinen ganzen Körper ins Wasser eintauchen? Schwing Dich ins Auto, in die Öffentlichen oder am besten auf Dein Rad und dann ab an den See!

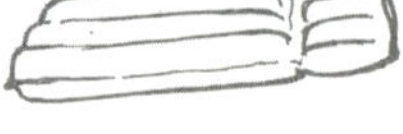

Nicht einmal 20 Kilometer von Aachen entfernt, befindet sich in einem ehemaligen Tagebau das Freizeit- und Naherholungsgebiet am **Blausteinsee**. Einst wurde hier Braunkohle gewonnen, seit der Rekultivierung ist der künstliche See ein Anziehungspunkt für Badegäste und Freizeitsportler.

Im bis zu 40 Meter tiefen See lässt es sich ganz entspannt baden. Für Schwimmer und Plantscher ist ein spezieller Bereich gekennzeichnet, in dem Du Dich abkühlen kannst, bevor Du Dich Deinem Nickerchen auf der Liegewiese widmest. Wenn Du lieber auf dem Wasser bleibst , kannst Du Dich hier per Segelboot, Surfbrett, Kanu, Schlauch- oder Paddelboot fortbewegen. Oder Du nimmst einfach die Luftmatratze Deines Vertrauens. Ein gut ausgebautes Wegenetz rund um den See bietet außerdem ausgeschilderte Routen für Reiter, Jogger, Skater und Wanderfans, falls Du Dich vor dem Bad im See noch so richtig ins Schwitzen bringen möchtest.

Für das leibliche Wohl der Ausflügler mit kleinem Hunger und großem Durst sorgt die **Gaststätte Lersch** (Dürener Straße 62, Eschweiler) direkt am Blausteinsee in ihrem Biergarten mit Seeblick. www.haus-lersch.de

--> Blausteinsee

Anfang 2013 war es um die Wasserqualität des Blausteinsees nicht so gut bestellt. Aber schon im Sommer des Jahres sah es viel besser aus. Bevor Du also ins kühle Nass einsteigst, kannst Du Dich ja mal über die Wasserqualität informieren. Die wird regelmäßig überprüft. www.blausteinsee.com --> Aktuelles --> News & Hinweise

Ein wenig mehr Action für Schwimmer erwartet Dich am **Badesee in Düren-Gürzenich** (Am Badesee, Düren). Etwa 30 Kilometer von Aachen entfernt, punktet die „Dürener Adria" mit einem Angebot von Sport und Unterhaltung, das sich wirklich sehen lassen kann:

Grillen Baden Sonne Eis Kicken

Du wolltest schon immer wissen, wie das mit dem Segeln geht? Beim Hochschulsportzentrum und beim ASV Aachen zeigt man Dir das. Hier bekommst Du den theoretischen Input und die praktische Übung für die Segelscheinprüfung.
www.hochschulsport.rwth-aachen.de --> Kurssuche --> Segeln
www.asv.rwth-aachen.de --> Ausbildung

Von der Badeinsel mit Sprungturm kannst Du Dich in die Tiefe stürzen, Dich schön kindisch im Wasserspielpark mit Rutsche und Riesentrampolin vergnügen oder Dich sportlich auf dem Volleyball-, Badminton- oder Basketballfeld austoben.

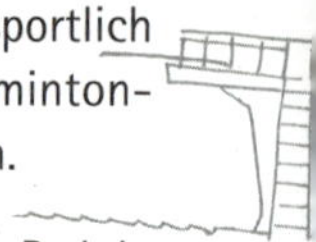

Wenn Du gerne in die Pedale trittst, hast Du hier auf dem Wasser die Gelegenheit – mit dem Tretboot oder dem Wasserfahrrad. Wer es lieber ruhig angeht, für den ist der große, weiße Sandstrand vermutlich interessanter. Sollte Dein Sommerurlaub aus irgendwelchen Gründen ins Wasser fallen – ein bisschen Mittelmeer-Feeling kannst Du Dir auch hier verschaffen. Der Spaß ist von Mitte Mai bis Mitte September zum Eintrittspreis von 3 Euro (2 Euro ermäßigt) zu haben. Ein richtig guter Zufluchtsort für die glühend heißen Sommertage. www.dn-sb.de
--> Dürener Badesee/Hallenbad --> Badesee

Der **Rursee** ist Deutschlands zweitgrößter Stausee und liegt etwa 40 Kilometer von Aachen entfernt. Zugegebenermaßen ist der See von Aachen aus gesehen nicht gerade um die Ecke; er eignet sich aber perfekt für einen Tagesausflug ins Grüne bzw. Blaue. Da packt Dich dann ganz sicher das Urlaubsgefühl. Umgeben vom puren Waldidyll schaust Du den Segelbötchen und Ausflugsschiffen hinterher, döst

Sollten Deine Frühlingsgefühle auch im Sommer noch akut sein: Die romantische Tour auf dem Ausflugsschiff könnte dazu beitragen, Dich dem/der Angebeteten ein Stückchen näher zu bringen.
www.rursee-schifffahrt.de

vor Dich hin und freust Dich einfach, dass Sommer ist! Auch die Fans von nahezu jeder Wassersportart dürfen den See für ihr Hobby nutzen – es kann geangelt, gesegelt, gepaddelt und geschwommen werden. Einen Überblick über die Leihangebote, Routen, Vereine und sonstige Infos rund ums Gewässer findest Du hier: www.rursee.de

Zählst Du Dich zu den Freunden der Pyrotechnik? Auch in diesem Fall hat der Rursee was für Dich: Jedes Jahr im Juli bekommst Du die Gelegenheit, den „Rursee in Flammen" zu sehen. Höhepunkt des Festes ist das spektakuläre Feuerwerk, das über dem See eine ganz besondere Stimmung zaubert. www.rursee-in-flammen.de

Als Student kannst Du übrigens die Wassersportstätte Wildenhof nach Anmeldung kostenlos nutzen. Offiziell ist Baden im Rursee zwar nur in den Naturfreibädern erlaubt, manch einer traut sich hier aber dennoch ins Wasser. Du solltest Dir dafür auf jeden Fall Badeschuhe besorgen, denn der Ufereinstieg ist sehr steil. Für 4 Euro pro Nacht kannst Du sogar Dein Zelt aufschlagen oder zum bezahlbaren Tarif im Vierbettzimmer übernachten. Gästekarten für Nicht-Studenten sind mit einem Preis von 3 Euro für den Tagesausflug ebenfalls erschwinglich.
www.hochschulsport.rwth-aachen.de

--> Angebot von A bis Z
--> Veranstaltungsstätte Wildenhof

Naturfreibäder

Wenn Du legal und stressfrei Deine Runden im Rursee schwimmen willst, solltest Du das Angebot von einem der Naturfreibäder nutzen. Es gibt nämlich mehrere davon:

Der Schwimmerbereich des wunderbar lauschig gelegenen **Naturerlebnisbads Einruhr** (Wollseifener Str. 22, Simmerath) führt direkt in den Rursee und ist sozusagen ein Bad mit Seeblick. Über rote Augen musst Du Dir hier auch keine Gedanken machen: Das Wasser ist chlorfrei und wird mikrobiologisch in einem Regenerations-

teich gereinigt. Das übliche Schwimmbadprogramm wie Liegewiese, Umkleiden und Kiosk ist natürlich inbegriffen. Sahnehäubchen: Sogar in der Abenddämmerung kann man sich hier im Wasser tummeln, denn Nachtschwimmen ist bis 22.00 Uhr möglich!
www.naturerlebnisbad-einruhr.de

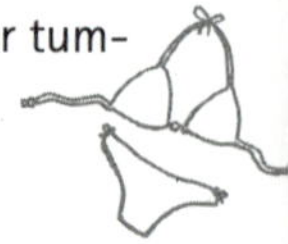

Etwas exklusiver liegst Du am weißen Sandstrand auf der schicken Liege am Sonnenstrand Eschauel des **Beach Clubs Eifel (Eschaueler** Weg 99, Nideggen). Hier darfst Du's Dir mit einem Drink aus der Strandbar so richtig gut gehen lassen. Wenn Du dem Wassersport frönen willst, schließ Dich einfach einem Workshop in der Trendsportart SUP (Stand Up Paddeln) an. www.beachclubeifel.de

Wer denkt da noch an eine Fernreise, wenn er das **Naturfreibad Rurberg** (Seeufer 3, Rurberg) vor der Nase hat? An einem Sandstrand und einer angrenzenden Liegewiese kannst Du gemütlich in der Sonne liegen, Beachvolleyball spielen und in den Eiserbachsee gleiten. Der Eintritt ist frei, nur eine kleine Parkgebühr musst Du hier entrichten.

Spiel & Spaß

Es ist natürlich verlockend, die Sommermonate möglichst bewegungslos auf der Wiese zu liegen, den Eiswürfeln im Glas beim Schmelzen zuzusehen und den Sonnenbrand zu pflegen. Über Sport auch nur nachzudenken, ist meistens schon Anstrengung pur. Aber ab und zu braucht selbst der innere Schweinehund mal Auslauf und wenn es soweit ist – dann geh' einfach mal Gassi mit ihm!

Der Aachener Sommer bietet Dir unzählige Möglichkeiten, körperlich aktiv zu werden, ganz egal, ob Du dabei Gesellschaft suchst und einer Teamsportart nachgehst oder lieber alleine losziehst, Dich möglichst schweißtreibend auspowern möchtest oder einfach nur einen minimalen Bewegungsdrang verspürst.

Beachvolleyball

Die Beachvolleyballanlage am Königshügel ist der schönste Ort für ein sandiges Match. Über eine Beachsport-Karte (Nicht-Studenten bekommen eine Gäste-Karte) kannst Du spontan am freien Spielbetrieb teilnehmen. Für Wiederholungstäter lohnt es sich, einen Beachsportplatz stundenweise oder sogar für das ganze Sommersemester zu mieten. www.hochschulsport.rwth-aachen.de

--> Angebote von A bis Z --> Beachsport

Auch auf dem Gelände des **Freizeit & Erholungsvereins Walheim** (Schleidener Str. 181, Walheim) werden die Bälle von sandig panierten Menschen übers Netz gedroschen. Für 10 Euro gehört der Platz eine Stunde lang Dir und Deinen Mitspielern. www.fevw.de

--> Angebot --> Beachvolleyball

Beim Ballspiel Sand zwischen den Zehen spüren kannst Du auch bei **Beacher's Island** (In der Ruraue 31, Inden) etwa 30 Kilometer von Aachen entfernt. Mit der Aussicht, hinterher am Pool mit Palmen drumrum zu liegen, macht der anstrengende Sandsport doppelt so viel Spaß. Sportliches Sich-Verausgaben geht hier auch beim Beachhandball und Beachsoccer. Über die genauen Konditionen informierst Du Dich am besten hier: www.beachers-island.de

Kicken

Das Runde muss ins Eckige! Wenn dieses Motto auch in der bundesligafreien Sommerzeit in Deinem Kopf rumschwirrt, ist Aachen der richtige Platz für Dich. Bolzplätze findest Du an allen möglichen Ecken der Stadt. Kostenlos kannst Du z.B. hier kicken:

Bolzplatz Kennedypark (Reichsweg 36, in der Nähe des Bahnhofs Rothe Erde)

Bolzplatz Stadtgarten (direkt in der Innenstadt, zwischen Preußenring, Steinstraße und Sankt-Anton-Straße gelegen)

Bolzplatz Kronenberg (Kronenberg)

Bolzplatz Barbarastraße (Barbarastraße, in Rothe Erde, direkt am Berliner Ring)

Bolzplatz Westpark (zentral gelegen, an der Schnittstelle von B1 und B1A)

Bolzplatz Albert-Maas-Straße (an der Schnittstelle von Trierer Straße und Madrider Ring)

Etwas Besonderes zum Thema Fußball bietet das **Hochschulsportzentrum am Königshügel** (Mies-van-der-Rohe-Str.): Plätze für Beachsoccer, Cage Soccer (mit Netz und Bande als Spielfeldbegrenzungen) und Kleinfeldfußball. Über Spielregeln, Nutzungsbedingungen und Öffnungszeiten solltest Du Dich vorab informieren.
www.hochschulsport.rwth-aachen.de --> Angebot von A bis Z
--> Fußball

Auf gut Glück mal hier oder da auf einem der Aachener Bolzplätze vorbeizuschauen genügt Dir nicht, aber die bierernste Vereinsmeierei ist auch nicht Dein Ding? Dann könnte Dir in der **Bunten Liga Aachen** geholfen werden. Sie ist ein Sammelsurium von begeisterten Hobbyfußballern, bei denen weniger die ambitionierte Verbissenheit, sondern eher der Spaß am Kicken im Vordergrund steht.

Team-Namen wie „Olympiakos Bieräus" oder „Hangover96" können Dir hier schon mal begegnen. Schließ Dich einfach einem der Teams an oder überrede ein paar Freunde und melde selbst eine neue

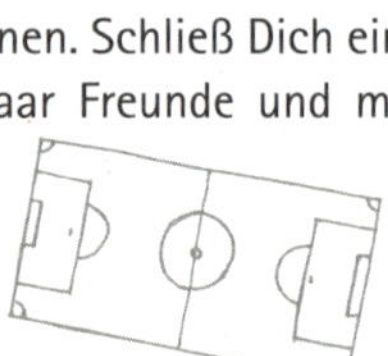

Mannschaft an. Geschlecht und Alter spielen keine Rolle, dafür ist eine ordentliche Portion Fairness Pflicht, denn die Teams treten regelmäßig gegeneinander an und spielen ohne Schiedsrichter. Aber, wie wir Öcher von der Alemannia gelernt haben: Das gute Spiel zählt mehr als der Sieg!
www.bunteliga.de

Auch die Häftlinge der Justizvollzugsanstalt Aachen haben seit über zehn Jahren eine Mannschaft für die Bunte Liga aufgestellt. Für sie ist natürlich jedes Spiel ein Heimspiel.

Klettergarten

Wenn Du hoch hinaus willst, dann ist ein Tag im **Kletterwald Aachen** (Unterer Backertsweg) genau das richtige Abenteuer für Dich! Im Preuswald nämlich, nahe der belgischen Grenze, kannst Du in Bodennähe, aber auch in 22 Metern Höhe Deine Schwindelfreiheit austesten. Du bis ein Höhenfan, aber nicht besonders durchtrainiert? Macht nix – mit dem Versprechen „Sportliche Fitness ist keine Voraussetzung" lockt der Kletterwald auch Besucher an, die sich nicht gerade als Sportskanonen bezeichnen würden. Die Buslinien 2 und 24 bringen Dich bis zur Haltestelle „Backertsweg". Ab da musst Du dann alleine durch ... www.kletterwald-aachen.de

Minigolf

Vielleicht bist Du eher der bodenständige Typ, der gerne auf den Höhenkick verzichtet und viel lieber eine ruhige Kugel schiebt. Lockeres Schlägerschwingen und Einlochen hat Aachen nämlich auch für Dich im Angebot.

Auf dem **Minigolf-Parcours im Stadtpark** (Monheimsallee) kannst Du das von April bis Oktober tun. Da die Anlage sich mitten auf der Grünfläche befindet, ist die eine oder andere Bahn ein bisschen von den Baumwurzeln beeinträchtigt – Spaß macht es aber trotzdem! Und damit Du beim Putten nicht mit einem spontanen Leistungsabfall rechnen musst, versorgt Dich ein kleiner Kiosk mit dem Imbiss für zwischendurch. Der Betreiber des Platzes ist übrigens die WABe e.V. www.wabe-aachen.de

--> Arbeit u. soz. Integration --> Beschäftigungsprojekte --> Minigolf

Direkt an der belgischen Grenze und mitten im Aachener Wald befindet sich das Gut mit dem wunderschönen Namen **Entenpfuhl** (Entenpfuhler Weg 5), das mit den Buslinien 2 und 24 in kurzer Zeit erreichbar ist. Aber nicht nur Enten werden Dir hier begegnen, sondern auch ein schönes Anwesen aus der Biedermeierzeit mit Café und Restaurant. Und es kommt noch besser: 18 Bahnen, auf denen Du mal so richtig zeigen kannst, wo der Hammer hängt bzw. der kleine Ball mit den vielen Dellen hin muss.

Nach der anstrengenden Golfpartie solltest Du Dir unbedingt auch einen Kaffee oder ein Bierchen im schönen Innenhof der Anlage gönnen. Nach so vielen Hole-in-ones hast Du's ja schließlich verdient! www.minigolf-entenpfuhl.de

Auch auf dem **Freizeitgelände Walheim** wartet eine Minigolfanlage darauf, von Dir bespielt zu werden. www.fevw.de

--> Angebot --> Minigolf

Skaten – mit und ohne Brett

Die Domstadt zaubert auch für den passionierten Inlineskater so einiges aus dem Hut. Wo Du gleichzeitig die Natur genießen und schön gleichmäßig vor Dich hin rollern kannst, während Dir der Fahrtwind um die Nase weht, verraten wir Dir hier:

Eine beliebte Skatestrecke ist die **Vennbahntrasse**: Zwischen Aachen Rothe Erde und dem Stadtteil Kornelimünster ist die ehemalige Eisenbahnstrecke sowohl geteert als auch schienen- und autofrei und damit ideal für einen Skate-Ausflug. Da die Vennbahn auch ein Freizeitmagnet für Radfahrer, Spaziergänger und Gassigänger ist, ist hier allerdings gerade im Sommer ganz schön was los.

Wer sich lieber auf seinem Brett austobt, kann dies im **Skatepark im Kennedypark** tun. Klemm dein Skateboard unter den Arm und probier die Anlage einfach aus. Der Skatepark bietet Dir einen tollen Parcours, auf dem Du Deine Kunststückchen üben kannst.

Pflichttermin: Ein Highlight für Rollenliebhaber ist die **SkateNight**, bei der mindestens zweimal jährlich hunderte Teilnehmer in der sommerlichen Abenddämmerung gemeinsam durch die Aachener City rollen. Eigens zu diesem Zweck werden die Straßen, die auf der Strecke liegen, gesperrt. Eigentlich sind bis zu vier solcher Nächte im Jahr geplant. Allerdings sind die Organisatoren auf Spenden angewiesen. Wenn die nicht reichen, wie es im Herbst 2013 der Fall war, gibt's eben nur zwei SkateNights. www.skatenight-aachen.de

Labyrinth

Du bist Dir ganz sicher, dass Du in einem Irrgarten nie verloren gehen würdest? Am Dreiländereck (in Vaals) kannst Du im **Hecken-Labyrinth** Deinen inneren Kompass mal ranlassen und allen zeigen, wie gut Dein Orientierungssinn funktioniert.

Vom 1. April bis 1. November hat es von 10.00 bis 17.00 Uhr geöffnet und kostet Dich 5 Euro Eintritt. Solltest Du Dich dann doch hoffnungslos verirren und irgendwo festsitzen, helfen Dir die erhöhten Plattformen dabei, den Ausgang immer mal wieder ins Auge zu fassen. www.drielandenpunt.nl --> Labyrinth

Grillen Sonne Baden Eis Kicken

Spazieren & Wandern

Die Gegend um Aachen lässt sich auch wunderbar erwandern. Beim Erkunden Deiner neuen Umgebung zu Fuß wirst Du feststellen, dass Du noch nicht mal ein Auto brauchst, um mal eben eine Landesgrenze zu überqueren.

Die Umgebung rund um den **Lousberg** eignet sich ideal für einen spontanen Ausflug ins Grüne. Egal, von welcher Seite Du ihn besteigst, eigentlich führt jeder Waldweg, der sich nach oben orientiert, zum Gipfel, von dem aus Du eine tolle Aussicht über Deine Stadt hast. Und auf der Strecke gibt es viele Möglichkeiten für Verschnaufpausen:

Pflichttermin: Wenn Du den Lousberg mal ganz außer Atem bestaunen möchtest: Jeden Sommer findet der **Lousberglauf** statt. Das ist ein Event, bei dem inzwischen über 2000 Läufer teilnehmen!

Auf Deiner Wanderung am ersten von Bürgern gestalteten Park Europas kannst Du beim Kneipp-Bad Deine Sinne anregen und die Aachener Akropolis (die frei stehenden Säulen des ehemaligen Belvedere) begehen. Westlich des Lousbergs wirst Du vermutlich über die sechs Hängematten staunen, die die Stadt hier installiert hat. Steig einfach in eine ein und genieß den herrlichen Panoramablick über die umliegenden Dörfer. Am Gipfel angelangt, stößt Du dann unweigerlich auf den Drehturm Belvedere. Auch hier lohnt sich nochmal ein Blick auf die Stadt, der vom Tivoli bis hinüber zur Domspitze reicht.

Wanderfans finden im **Aachener Wald** ihr Glück. Durch ihn führt nämlich eine Etappe der GrenzRouten – ein Projekt, das Natur,

Kultur und Geschichte des Dreiländerecks grenzübergreifend erfahrbar macht. Die deutsch-belgisch-niederländische Grenzenlosigkeit kannst Du auf sieben verschiedenen Strecken erwandern. www.grenzrouten.eu

Wenn die Sonne so richtig runterbrennt, ist ein Abstecher in den **Aachener Wald** eine absolute Wohltat. Sechs verschiedene Rundwanderwege erwarten Dich hier – alle farblich markiert, damit Du auf gar keinen Fall verloren gehen kannst. Die Startpunkte sind gut mit dem Bus erreichbar. www.aachen.de --> Kultur & Freizeit --> Sport --> Waldrundwege

Grenzen überschreiten ist sowieso Dein Ding? Kleinere und größere Runden kannst Du auch auf dem **Trinationalen Naturerlebnispfad** gehen. Wenn Du etwas über die Natur des Dreiländerecks erfahren willst und vielleicht schon immer mal einen Barfußpfad beschreiten wolltest, dann ab ins Grüne! Drei Rundwege zwischen knapp 2 und 4,4 Kilometern sind mit Stationen gespickt, die Dich auf Deiner Wanderung nicht nur gut unterhalten, sondern Dir auch noch einiges über die Gegend beibringen. Startpunkt ist das Alte Grenzhäuschen an der Haltestelle „Püngeler Straße" in Vaals. www.grenzrouten.eu

--> Routen
--> Naturerlebnispfad

Oder vielleicht mal ein bisschen pilgern? Ein Stückchen des legendären, viel bewanderten und viel beschriebenen Jakobswegs kannst Du in der Gegend auch gehen – von Dortmund oder Wuppertal nach Aachen.
www.jakobspilger.lvr.de
--> Jakobswege

Fahrradfahren

Aachen und seine Umgebung sind ein echtes Radlerparadies. Ein richtig gut ausgebautes Radwegenetz mit mäßigem Höhenunterschied erwartet Dich, wenn Du Dich zu einer Radtour entschließen solltest.

Für alle, die die Lust am Radfahren packt, bietet die Stadt mit dem Projekt **Aachener Fahrradsommer** an vielen Terminen organisierte, jährlich wechselnde Touren in und rund um Aachen an – unter Anderem mit dem Ziel, Einheimische und Touristen das umweltfreundliche Verkehrsmittel schmackhaft zu machen. Termine gibt's von Mai bis Oktober. www.aachen.de

--> Kultur & Freizeit --> Freizeit/Erholung
--> Radtouren in und um Aachen

Falls Du Dich für Geschichte und alte Gemäuer begeistern kannst – und Dich zu den etwas geübteren Radlern zählst – ist eine Etappe entlang der **Wasserburgen-Route** vielleicht das Richtige. Ohne allzu viel Bergauffahrten kannst Du was für Deine Fitness tun und ganz nebenbei noch die wunderschönen alten Adelshütten entlang der Strecke bestaunen. www.die-wasserburgen-route.de

Wer auf den Spuren Karls radeln möchte, kann der **Kaiser-Route** quer durch NRW folgen. Sie führt auf einer Strecke von ca. 480 Kilometern von Aachen bis ins westfälische Paderborn und verbindet so zwei Wirkungsstätten des Kaisers. www.kaiserroute.de

Für Fahrrad- und Fußballfans ist die **Fußballroute NRW** ein echter Treffer: Das Radwegenetz startet am Aachener Hauptbahnhof und führt von Aachen durch den Ruhrpott bis nach Bielefeld. Auf der Strecke begegnet man 15 Städten mit Traditionsvereinen und Fußballgeschichte. Da darf der Tivoli natürlich nicht fehlen!
www.dfr-nrw.de --> Fahrradroute

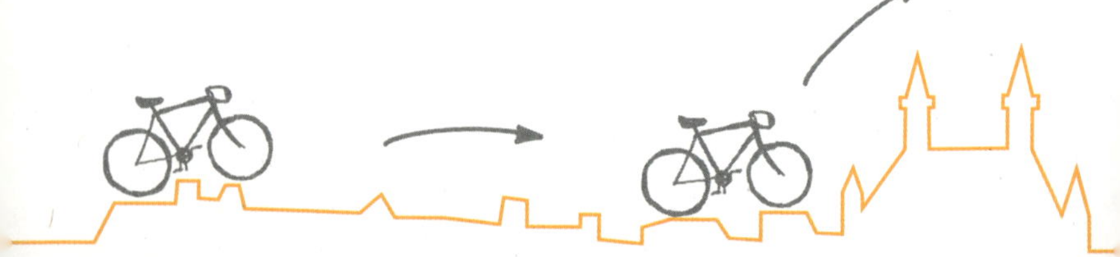

Grillen

Ob Du jetzt eine Tageswanderung hinter Dich gebracht oder einen Entspannungstag im Schwimmbad verbracht hast; zu einem perfekten Sommertag gehört unbedingt das gemeinschaftliche Grillen. Und weil Aachen so wunderbar grün ist, hast Du bei der Suche nach Deinem Lieblingsgrillplatz die Qual der Wahl ...

Öffentliche Grillplätze

Egal, ob Du mit der Gitarre zum Lagerfeuer unterwegs bist oder einen Einweggrill in der Tasche hast, im zentral gelegenen **Westpark** findest Du garantiert Gleichgesinnte. Besonders bei jungen Leuten ist der Park sehr beliebt. Grillen und chillen – so lautet die Devise am beliebtesten Treffpunkt an heißen Tagen. Überall steigen kleine Rauchsäulen auf und der Duft von Gegrilltem steht über der Grünanlage. Falls Du vor Ort feststellst, dass Du Dein Würstchen oder das Bier dazu vergessen hast: In direkter Nähe findest Du eine Tankstelle und einen Supermarkt.

Der **Stadtgarten** ist ebenfalls ein zentraler Anziehungspunkt für alle, die gerne in Gesellschaft ihre Grillgelüste ausleben. Offiziell ist das zwar nur im Lindenrondell des Parks erlaubt, meistens wird diese Grenze aber großzügig interpretiert und die Grillzone dann nach eigenem Ermessen ausgedehnt.

Im **Kennedypark** in der Nähe des Bahnhofs Rothe Erde kannst Du ganz lässig Dein Steak brutzeln. Die Atmosphäre in dem riesigen Park ist multikulturell angehaucht und insgesamt eine gemütliche Alternative zu den Innenstadtparks. Außerdem kann man hier nebenbei niedliche Häschen beobachten.

Von der **Hollandwiese am Königshügel** aus hast Du einen Panoramablick über die Uniklinik hinweg bis nach Holland – Grillen mit

Aussicht heißt es hier also! Es herrscht deutlich weniger Trubel als im Westpark, Du kannst also ganz in Ruhe Deine Kohle anheizen. Wenn Du Glück hast, siehst Du hier auch mal einen Heißluftballon aufsteigen, denn von hier aus wird ab und zu abgehoben.

Der **Park Moltkebahnhof** im Frankenberger Viertel liegt in der Nähe der Frankenberger Burg auf dem Areal eines ehemaligen Güterbahnhofs. Seit dessen Stilllegung ist auf dem Gelände eine Parklandschaft entstanden, wo Du im Sommer Deine Grilladen genießen kannst. Du siehst quasi zu, wie Dein Bauch sich gen Himmel reckt? Um Würstchen, Kartoffelsalat und Co. abzutrainieren, kannst Du Dich auf dem Bolzplatz nebenan austoben.

Auch bei einigen Studentenwohnheimen gibt es Grillplätze. Hinter dem stadtgrößten **Wohnheim „Die Türme"** in der Rütscher Straße liegt eine 300 qm große Wiese, auf der gegrillt werden darf. Durch die vier Hochhäuser herrscht ein bisschen Großstadtfeeling, die Nähe zum Lousberg macht diesen Eindruck jedoch wieder wett.

Grillhütten

Wenn Du in großem Stil den Grill anschmeißen möchtest, kannst Du auf mehreren Plätzen für etwa 50 Euro zu einer Grill-Party laden. Die Grillplätze **Adamshäuschen** (Karlshöher Talweg) und **Karlshöher Hochweg** (Karlshöher Hochweg) liegen am Preuswald nahe der belgischen Grenze. Für gesellige Grill-Sausen stehen hier in grünem Umfeld überdachte Grillplätze, Sitzgelegenheiten und Chemietoiletten zur Verfügung. Diese Plätze musst Du vorher reservieren. Du solltest also rechtzeitig einen Blick in den Belegplan des Gemeindeforstamts werfen. www.aachen.de

--> Kultur & Freizeit
--> Freizeit & Erholung
--> Öffentliche Grillplätze in Aachen

Adamshäuschen

Noch stilvoller mit „normaler" Toilette, Strom und fließend Wasser grillt es sich in Brand am **Grillplatz Goertzbrunnstraße**.

Wer ein bisschen tiefer in die Tasche greift, kann es auf dem **Freizeitgelände Walheim** richtig krachen lassen. Bis zu 100 Personen können hier den Duft des Holzkohlegrills schnuppern. Obendrauf stellt der Verein auf Wunsch auch Partyzubehör zur Verfügung, von der Bierzeltgarnitur bis zur Zapfanlage.
www.fevw.de

Karlshöher Hochweg

Picknicken

Auch wenn man kein Grillfan ist, muss man bei hohen Temperaturen das selbst Zubereitete nicht immer in der heimischen Küche zu sich nehmen. Ein schönes grünes Fleckchen aussuchen, Decke ausbreiten und sich niederlassen. Prinzipiell kannst Du Dich in allen Parks ausbreiten, besonders zu empfehlen sind der **Kaiser-Friedrich-Park**, der **Von-Halfern-Park** und das **Dreiländereck** (Viergrenzenweg 97, Vaals).

Eine herrlich verträumte Ecke ist der **Picknickplatz auf der Höhenpromenade**. Diese liegt auf einer ehemaligen Bahntrasse in Laurensberg in der Nähe von Schloss Rahe. Über die massiven Holztische kannst Du hier Deine Decke werfen. Von einer eindrucksvollen Schaukel aus bietet sich ein beeindruckender Blick über Wald und Wiesen, die Soers und den Lousberg. Ein kleiner Tipp für den Freund der romantischen Stimmung: In der Abenddämmerung ist es hier besonders schön!

Sc

Schnee

Schnee

Schnee

Schnee

Schnee

Schnee

Schnee

Schnee

Schnee

Schnee

Schnee

Winter!

Frostige Zeiten

Winter!

Winter!

Schnee kalt Eiskratzen Sauna brrr

Wenn der Westpark nur von ein paar hartgesottenen Joggern bevölkert ist und sich die Studenten freiwillig in die beheizten Räume der Bibliothek zurückziehen, kann das nur eines bedeuten: die kalte Jahreszeit hat Einzug gehalten. Um die finstere Zeit und die lange Kälte besser zu ertragen und die Motivation wieder ein bisschen in Gang zu bringen, bedarf es eines ausgewogenen Freizeitprogramms. Denn der Winter in Aachen ist vor allem nasskalt.

Gelegentlich bahnt sich an den ganz frischen Tagen die Sonne ihren Weg durch den Frühnebel, aber meistens ist es eher regnerisch. Es kommt aber auch vor, dass Du tagelang eine geschlossene Schneedecke vor der Haustür hast. Das ist dann perfekt für sportliches Wintervergnügen an der frischen Luft!

Draußen kalt – drinnen warm

Aber wenn das Wetter sich mal wieder von seiner schmuddeligsten Seite zeigt und draußen die Farbe Grau dominiert, dann hält sich die Lust auf Freiluft-Aktivitäten einigermaßen in Grenzen. Der Gedanke an lange Unterhosen, wetterfeste Kleidung und fellgefütterte Schuhe ist natürlich nicht immer verlockend – aber zum Glück gibt es ja noch eine Art des Zeitvertreibs, die nicht mit der Wetterlage steht und fällt.

Hallenbäder

Wenn es Dich ins Wasser zieht, die Seen jedoch unpraktischerweise mit einer Eisschicht überzogen sind, die Dich am Schwimmen hindert, dann könnte ein wohltemperiertes Schwimmbad genau das sein, was Du suchst. In Aachen findest Du übers Stadtgebiet verteilt gleich mehrere Hallenbäder:

Die **Schwimmhalle Süd** (Amyastr. 8) hat alles, was man von einem ordentlichen Hallenbad erwartet: ein Becken, um Deine Bahnen zu ziehen und ein Dreimeterbrett, um mit einem Kopfsprung von da oben mal richtig schön anzugeben (oder Dir ordentlich weh zu tun). Und falls Du des Schwimmens tatsächlich noch nicht mächtig sein solltest, steigst Du einfach ins Lehrschwimmbecken, da gehst Du auf gar keinen Fall unter.

Die **Ulla-Klinger-Halle** (Händel Str. 14) kann sogar zusätzlich zu Schwimm- und Kinderbecken ein professionelles Sprungbecken mit einem 10 Meter hohen Sprungturm aufweisen.

Skulpturen und antik angehauchte Verzierungen schmücken dagegen die bereits über 100 Jahre alte **Elisabethhalle** (Elisabethstr. 10) in der Innenstadt. Plantschen in einem echten Jugendstilbad? Kannst Du hier haben!

Die **Schwimmhalle Brand** (Wolferskaul 19 A) ist genau das Richtige für den bescheidenen Schwimmer ohne Leistungsdruck: Strecke machen kannst Du auf den 25-Meter-Bahnen und wenn dann doch mal ganz Ambitionierte kommen, kannst Du es Dir im Nichtschwimmerbekken mit Massagedüsen gemütlich machen.

Aktuelle Öffnungszeiten und Infos zu den Hallenbädern findest Du unter: www.aachen.de

--> Kultur & Freizeit
--> Sport
--> Schwimmbäder

Schnee kalt Eiskratzen Sauna brrr

…wimmhalle Ost (St.-Josefs-Platz 8) wird nicht von der Stadt sondern von der Aachener Bad & Sport GmbH betrieben. Hier gibt's neben dem normalen Badespaß regelmäßig ungewöhnliche Specials, wie ein Wasser-Laufrad oder eine Wasserrutsche vom 5-Meter-Turm. Wenn die Nässe zur Abwechslung mal von innen statt von außen kommen soll – Sauna und Dampfbad sind auch vorhanden. www.osthalle.de

Wasserspaß und Wellness

Von einem Beckenrand zum anderen ist Dir zu langweilig? Dann könntest Du dem **Aquana** Freizeitbad in Würselen (Willy-Brandt-Ring 100) einen Besuch abstatten! Wasserrutsche, Reifenrutsche, Wellenbecken oder Wildwasserkanal – dafür ist man nie zu alt. Für die Flucht aus dem eisgrauen Alltag steht ein Wellness-Bereich mit Sauna und Massage-Angebot zur Verfügung. Wenn Du Dich für den Besuch des Wellnessbereichs entscheidest, hast Du nicht nur eine große Auswahl an unterschiedlich heißen Schwitzbuden zur Auswahl, sondern auch gleich den Eintritt fürs Freizeitbad mit drin.
www.aquana.de

Ideal zum Entspannen sind auch die **Carolus Thermen** (Passstr. 79), eine am Stadtgarten gelegene Wellness-Einrichtung, die in ein Thermalbad und eine Saunawelt unterteilt ist. Die Schwimm- und Badebecken sind gefüllt mit feinstem Wasser aus einer Mineral-Thermalwasserquelle. Nicht umsonst hat die Stadt eigentlich die Zusatzbezeichnung „Bad" Aachen. Das Wasser ist nicht nur wohlig

warm, sondern durch die heilende Wirkung kannst Du ganz nebenbei sogar noch etwas für Deine Gesundheit tun.

Ein nettes Feature hält die Internet-Seite der Carolus Thermen für Dich bereit: Hier lässt sich die aktuelle Auslastung des jeweiligen Bereichs überprüfen (alle 5 Minuten aktualisiert), damit Du vorher schon weißt, wie entspannend Dein Besuch tatsächlich wird. www.carolus-thermen.de

Spiel & Sport frostfrei

Sicher brauchst Du im Aachener Winter aber nicht nur den entspannenden, sondern auch den unterhaltsamen Zeitvertreib. Schließlich will der Spieltrieb befriedigt werden und nette Gesellschaft hat man ja auch ganz gerne mal im Trockenen. Sollten Deine Ambitionen in die sportliche Richtung gehen, lässt Dich der Aachener Winter natürlich auch nicht im Stich. Auf körperliche Anstrengung musst Du nicht verzichten!

Mal 'ne ruhige Kugel schieben?

Das **Karambo(w)lage** (Henricistr. 60) bietet einige Aktivitäten für einen netten Abend mit Freunden. Auf gleich zwei Ebenen findest Du Gelegenheit, der Langeweile mit diversen Kugeln zu Leibe zur rücken. Oben kannst Du Dich nach Herzenslust beim Pool-Billard oder Snooker austoben, auf der unteren Ebene gibt's dann die schweren Dinger in die Hand – hier kannst Du zeigen, wie man beim Bowling ordentlich abräumt. Die Bar sorgt dafür, dass Du dabei nicht dehydrierst und auch mit Essen gut versorgt bist.

Freitags und samstags solltest Du auf jeden Fall vorab eine Bahn bzw. einen (Billard-)Tisch reservieren. www.karambowlage.com

Ganz in der Nähe der Uni kannst Du im **Lichthof** (Johanniterstr. 10-12) die klirrende Kälte draußen richtig gut ignorieren. Bei Bierchen und Billard in gemütlicher Atmosphäre den Abend ausklingen lassen oder beim Darts oder Kickern Deine Treffsicherheit auf die Probe stellen – klingt irgendwie so gar nicht nach Winterdepression, oder? Reservieren solltest Du hier übrigens nicht vergessen!
www.billardcafelichthof.de

Das von der KHG (Katholische Hochschulgemeinde) Aachen betriebene **Chico Mendes** (Pontstr. 74-76) ist mehr als nur eine nette, kleine Kneipe, die Du als StudentIn tagsüber als Lernraum benutzen kannst. Hier gibt's eine klassische Kegelbahn zum Bespielen – es heißt also noch: Alle Neune!

Für einen gemütlichen Abend mit Freunden steht Dir hier auch ein großer Vorrat an Gesellschaftsspielen zur Verfügung. Wenn Du Durst bekommst, kann man natürlich auch Abhilfe schaffen – unter anderem mit einem großen Sortiment an Fassbieren. Und wer hungrig ist, muss dies hier auch nicht lange bleiben.
www.chico-mendes.de

Sport in der Halle

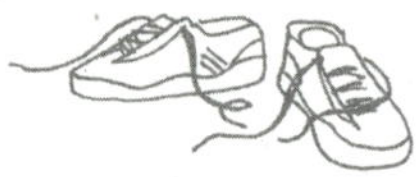

Die Alpen sind weit weg und auch steinige Erhebungen, die sich zum Klettern eignen, sind in Aachen rar gesät. Im Norden der Stadt befindet sich dafür aber die Kletterhalle Tivoli Rock in der **Badminton und Kletterhalle Tivoli Aachen** (Strangenhäuschen 11) mit vielen Routen verschiedenster Schwierigkeitsgrade. Nette studentische Mitarbeiter weisen Dich in die Kunst des Bergaufkraxelns ein, damit Du bald einen „Kletterschein" Dein eigen nennen und Dich nach Belieben auch in der Vertikalen bewegen kannst.

Du bevorzugst beim Sport den festen Boden unter den Füßen? Dann mietest Du vielleicht lieber einen der zwölf Badmintonplätze, die hier (auch zum Studentenrabatt) zur Verfügung stehen. Ein Bistro gibt es außerdem, in dem Du Dir nach dem schweißtreibenden Match direkt ein Kaltgetränk gönnen kannst.
www.badminton-kletterhalle.de

Du suchst die ganz große Herausforderung? Dann bist Du in der **Moove Boulderhalle** (Kurbrunnenstr. 22) richtig. An über 500 qm Wand kannst Du in der ehemaligen Lagerhalle der Schwerkraft die Stirn bieten. Das Tagesticket kostet 10 Euro (ermäßigt 9 Euro). Wenn Du häufiger kommst, wird's mit dem Abo deutlich günstiger.
www.moove-aachen.de

Wenn's definitiv nicht gerade das Klettern sein soll, kannst Du auch einfach im **Sportpark Kohlscheid** (Kaiserstr. 96) vorbeischauen. Hier warten 10 Badminton-Felder auf spielhungrige Schläger-Virtuosen und diejenigen, die sich dafür halten. Wenn der geschlagene Ball mal etwas schwerer sein soll, gibt's nebenan auch noch zwei Tennisplätze.

Und wenn Du mit dem bespannten Schläger so gar nichts anfangen kannst, wirst Du Dich vielleicht auf einem der sechs Indoor-Soccer-Plätze wiederfinden. Über das umfangreiche Angebot und die Preise kannst Du Dich hier informieren: www.soccer16.de

Hochschulsport

Die RWTH Aachen bietet im Rahmen des **Hochschulsports** eine Riesenmenge an unterschiedlichen sportlichen Disziplinen an. Ob asiatischer Kampfsport, Ballett, Lacrosse, Rhönradturnen, Fechten oder einfach nur Aerobic (um nur einige zu nennen), Du findest garantiert den passenden Sport für Dich. Neben Studenten haben auch Gäste (also Nicht-Studenten) die Möglichkeit, in den Genuss des Sportangebots zu kommen! www.hochschulsport.rwth-aachen.de

Fitness

Du hast mal wieder bereits im September angefangen, Dich über Lebkuchen und Spekulatius herzumachen und bist der Meinung, Du müsstest das ein oder andere Kilogramm dringend wieder loswerden?

Außer dem Uni-eigenen Fitness-Raum **RWTH-GYM** (Hochschulsportzentrum, Mies-van-der-Rohe-Str.) gibt es in Aachen noch andere Möglichkeiten, zu erschwinglichen Preisen das Abspeck-Projekt anzugehen, Muskeln zu vermehren und die Ausdauer zu optimieren.

Ein bisschen auf Landhausstil getrimmt – so sieht das Fitnessstudio **EasyFit** in Laurensberg (Roermonder Str. 197) von außen aus. Die großen Fensterfronten mit den vielen Verstrebungen lassen viel Licht in die Trainingsräume und die Holzbalken im Inneren sehen auch eigentlich eher Fitnessbuden-untypisch aus. Mithilfe von Kraft- und Kardiogeräten, dem Kursangebot oder im Freihantelbereich kannst Du so einiges abtrainieren, was sich im Laufe des Winters ansammelt. www.easyfit-aachen.de

Die Fitness-Kette **McFit** ist in Aachen gleich zweimal vertreten: In Aachen-Ost (Trierer Str. 1) oder Aachen-Nord (Krefelder Str. 218) trainiert es sich solide in diversen Trainingsbereichen und mit großer Auswahl an Geräten. Eine gute Anleitung und Dein persönlicher Ehrgeiz sorgen dafür, dass das Weihnachtsgebäck bald wieder ohne schlechtes Gewissen gut schmeckt. www.mcfit.com

Schnee & Eis

Eine der besten Erfindungen des Winters ist zweifelsfrei der Schnee. Er hat nur den Nachteil, dass er in kuschelig warmen, beheizten Räumen nicht richtig zu erleben ist. Also raus in die kalte Luft und rein ins Wintersport-Vergnügen! Du fragst Dich jetzt bestimmt, ob das in Aachen überhaupt geht ...

Der Lousberg

Das hügelige Aachen eignet sich hervorragend für den ein oder anderen Rodelspaß oder Schnee-Spaziergang. Gerade der innenstadtnah gelegene Lousberg, der meist ein bisschen mehr Schnee abbekommt als der Rest der Stadt, wird zumindest ab und zu zum Rodelparadies. Viele steile Hänge warten dann darauf, dass Du mit dem Schlitten, einer mitgebrachten Plastiktüte oder wenn's sein muss auf einem Mensa-Tablett durch den Schnee zu schlidderst.

An der der Innenstadt abgewandten Seite des Bergs erstrecken sich hügelige Kuhwiesen, für die es sich zum Teil sogar lohnt, mal das Snowboard mitzuschleppen oder die alten Skier auszupacken. Echte Herausforderungen und wirklich lange Abfahrten erwarten Dich zwar nicht, aber dafür ist das Ganze nur einen Steinwurf von der Innenstadt entfernt. So kommst Du tatsächlich zum Mini-Ski-Urlaub direkt in Aachen.

Die Eifel

Sollte Aachen selbst nicht genug Schnee aufbringen können, was leider öfter mal vorkommt, dann gibt es ja immer noch die Eifel. Sie ist zwar nicht gerade mit den Alpen vergleichbar, aber dafür relativ nah. Und sie bietet einige Möglichkeiten, das nagelneue Skilauf-Outfit zu präsentieren und auf den Brettern bergab zu rutschen. Von Aachen aus erreichst Du die Skigebiete „Monschau-Rohren“ und „Weißer Stein“ am schnellsten, es gibt aber noch einige mehr, falls Du Abwechslung brauchst.

Skigebiet Monschau-Rohren

Bei Monschau (etwa 40 km von Aachen entfernt) stehen dem begeisterten Ski-Fahrer im Skigebiet Monschau-Rohren mehrere Pisten und Loipen zur Verfügung, um die malerische Eifellandschaft sportlich zu genießen. Ein bisschen mit dem Schlitten rumrutschen geht hier auch. Solltest Du kein eigenes Sportgerät besitzen, kannst Du Dir die Skier dort einfach ausleihen. Wer das Schneebrett bevorzugt, muss die Pisten allerdings zu Fuß erklimmen, da in den Liftanlagen Snowboards nicht transportiert werden können.
www.winterzentrum.de

Skigebiet Weißer Stein

Im Skigebiet Weißer Stein bei Hellenthal (etwa 70 km von Aachen entfernt) ist sogar der Rodelhang mit einem eigenen Lift ausgestattet. Auch wenn die Eifel den geübten Alpin-Fahrer nur müde lächeln lässt, als Ski-Langläufer kannst Du hier die geballte Ladung Charme der verschneiten Hügellandschaft besonders gut auf Dich wirken lassen. Vom Snowboard bis zum Schlitten kannst Du Dir auch vor Ort alles leihen. www.weisser-stein-eifel.de

Mehr Infos zu diesen beiden und allen weiteren, etwas weiter entfernten Skigebieten der Eifel findest Du unter: www.eifel.info
--> Winter
--> Skifahren

Ab aufs Eis

Dass Aachen nicht gerade viele stehende Gewässer vorzuweisen hat, ist Dir inzwischen längst bekannt. Im Süden der Stadt allerdings gibt es da doch immerhin die Stauanlagen **Kupferbach** (Il. Rote-Haag-Weg) und **Diepenbenden** (Tönnesrather Weg), die sich, falls die Temperaturen mal lange genug unter Null sein sollten, zum Schlittschuhlaufen eignen. Bevor Du Dich aufs Glatteis begibst, solltest Du Dich allerdings informieren, ob es auch dick genug für den Kufensport ist.

In der **Tivoli Eissporthalle**, in direkter Nachbarschaft zum Fußball- sowie Reitstadion (Hubert-Wienen-Str. 8) kannst Du dem Sport auf dem Eis nachgehen, auch wenn draußen ein Schneesturm wütet oder Tauwetter aufzieht. Außerdem ist das Eis in der Arena natürlich immer perfekt in Schuss. Und wenn Du Dich beim Eislaufen gerne von Discomusik berieseln lässt, solltest Du Dir den Samstagabend für das Vergnügen freihalten. In der Vorweihnachtszeit findet hier zudem der sogenannte Uni-Cup statt, ein Eishockey-Turnier einzelner Fakultäten der RWTH Aachen. Auch die Professoren lassen sich nicht lumpen und trauen sich aufs Eis. Ein Ereignis, das man nicht verpassen sollte! www.tivoli-eissporthalle.de

s. „feste Feste", S. 209

Wenn's weihnachtet in Aachen

Das Weihnachtsfest rückt näher und in der Innenstadt werden überall kleine Holzstände aufgebaut. Die ganze Stadt wird ab Ende November mit Lichtern und Tannenzweigen geschmückt und kräftig auf Besinnlichkeit gebürstet.

Mit der heranrückenden Weihnachtszeit kommen dann auch die saisonal bedingten, schwierigen Fragen: Was soll ich nur der/dem (beliebige Ziel-Person einsetzen) schenken? Mit welcher Deko soll

Schnee kalt Eiskratzen Sauna brrr

ich meine Mitbewohner erfreuen/nerven? Und wie kann ich am effektivsten etwas für weihnachtliche Zahnschmerzen tun?

Weihnachtsmarkt

Wenn Dir diese Fragen bekannt vorkommen, dann solltest Du sie besuchen, diese Ansammlung von Holzständen in der Innenstadt, den Aachener Weihnachtsmarkt. Von Holzspielzeug und Kunstwerken aus dem lokalen Kunsthandwerk über Kleidung und Kleidsames verschiedenster Art bis hin zu allerlei regionalen und internationalen Köstlichkeiten findest Du hier alles. Das richtig Tolle aber am Aachener Weihnachtsmarkt ist eigentlich etwas anderes: Du triffst Dich hier vor der herrlich malerischen Kulisse von Dom und Rathaus, um mit Freunden Glühwein zu trinken, Bratwurst oder Reibekuchen zu essen und Pläne für die Feiertage zu machen.

Von Big-Band-Sound bis Chor und Orchester sorgt ein umfangreiches Bühnenprogramm für die passende Musik. Und wenn die Gebäude in der winterlichen Dunkelheit auch noch so schön angestrahlt sind und es sogar noch schneit, kann sich keiner der weihnachtlich-sentimentalen Stimmung mehr entziehen. Ist Weihnachten in Aachen nicht wunderbar? Und natürlich auch ein bisschen kitschig.

www.aachenweihnachtsmarkt.de

Die Öcher Printen

Aachener Printen – oder „Öcher Printen“, wie man hier sagt – sind ein spezielles Lebkuchengebäck, das, wie der Name schon verrät, in Aachen entwickelt wurde. Seit langem hat das Weihnachtsgebäck Tradition und eignet sich, neben dem persönlichen Verzehr, hervorragend zum Verschenken. Der Verwandtschaft bringt man an Weihnachten schließlich gerne etwas Regionales mit und was eignet sich da besser als die leckeren Honigkuchen? Das Angebot an verschiedenen Varianten ist riesig, es findet sich also für jeden Geschmack die richtige Printe – mit Kräutern, Zuckerguss, Schokoüberzug, Nüssen oder auch allem zusammen. Fürs Fest bekommst Du natürlich auch alles in edler Verpackung mit Weihnachtsmotiv.

In der gesamten Stadt verteilt findest Du Filialen der Bäckerei **Nobis** (Adalbertstr. 6–10, Münsterplatz 2, Krämerstr. 6) mit vielfältigem Printen-Angebot in Edelpackung mit Aachenmotiv. www.nobis-printen.de

Die **Printenbäckerei Klein** (Franzstr. 91, Krämerstr. 12, Münsterplatz 15) steht diesem Angebot in nichts nach und wirbt ebenfalls mit handgemachten Printen. Auf der Schachtel kannst Du z.B. den verschneiten Aacher Dom bewundern oder Du gönnst Dir gleich den Printen-Adventskalender mit Rathausmotiv für die vorweihnachtliche Tagesration an Printen. www.printen.de

Als Printen-Fan, der nicht aus der Aachener Region stammt, erweist sich die **Aachener Printen- und Schokoladenfabrik Lambertz** (Werksverkauf in der Ritterstr. 9), die Printen nach original Aachener Rezept weltweit vermarktet. www.lambertz.de

Bäckerei Nobis

Musik Musik

Mus

abhorsten

D

DJan

abhorsten

abhorsten

Feiern
Feiern
Feiern
Club
Club
Club
Musik
DJane
Flirt-Faktor
Musik
Flirt-Faktor
Flirt-Faktor
Club
Musik

Musik DJane Club Flirt-Faktor abhorsten

Ob Du nun stundenlang vor dem Spiegel stehst, um Deinen Haaren den perfekten Look zu verpassen oder ob es nur darum geht, das T-Shirt zu wechseln, damit Dich keiner auf den Saucenfleck mitten auf der Brust anspricht – die Vorbereitungsrituale für die lange Nacht außer Haus kennt man auch in Aachen. Von der gemütlichen Pinte mit Stammkneipenpotenzial bis zum angesagten Edel-Club hast Du in der Stadt reichlich Gelegenheiten, Dich rumzutreiben und ordentlich abzufeiern.

Feiern ohne Umsteigen

Solltest Du Dich nicht entscheiden können, ob es nun der Cocktailabend mit Freunden sein soll oder ob Du doch lieber das Tanzbein schwingen möchtest, gibt es in Aachen eine einfache Lösung. Denn bei diesen Locations musst Du Dich nicht mal festlegen:

Eigentlich eine Tapas-Bar, hat sich das **Café Madrid** (Pontstr. 141-149) längst einen Namen in der Aachener Partyszene gemacht. So kannst Du hier nicht nur täglich zum Essen oder Cocktails schlürfen einkehren, sondern auch dreimal die Woche die Nacht zum Tag machen. www.cafe-madrid.com

Gegenüber vom Theater Mörgens befindet sich das **My Last Exit** (Krakaustr. 1) – mit entsprechend kulturell interessierter Kundschaft. Dem wird man ausnahmslos gerecht: Vom Langschläfer-Frühstück bis zum wechselnden Abendprogramm mit DJs oder Live-acts. www.mylastexit.de

Wer sich von der spärlichen Innenbeleuchtung der **Monoheidi** (Marienbongard 2) nicht in die Irre führen lässt, findet sich in Aachens wohl angesagtester Lounge wieder. Hier ist alles durchgestylt und in sich stimmig: von den Natursteinen an den Wänden bis hin zur Discokugel auf den Örtlichkeiten. Mittwochs bis samstags sorgt ab 21.00 Uhr ein DJ dafür, dass Du nicht mehr auf Deinem

schicken Lederhocker sitzen bleibst und bereitwillig Dein Styling in Gefahr bringst. www.monoheidi.de s. auch „Durst?", s. 98

Im **Besitos** (Kapuzinergraben 19) gibt es jeden 2. und 4. Freitag im Monat neben Sangria und Tapas lateinamerikanische Rhythmen. Getanzt wird bei der Salsa-Party im überdachten Innenhof des Kapuziner Karrees. Eintritt frei! www.besitos.de/aachen

Selbst die Party anheizen kannst Du dagegen im **Tijuana** (Markt 45-47). Jeden Freitag findet hier ab 21.00 Uhr Aachens beliebteste Karaoke-Party statt. Der Eintritt ist auch hier selbstverständlich frei. www.aachen.bar-tijuana.de

Clubs und Diskotheken

Eine Stadt ohne Diskotheken, Clubs und Partykeller? Undenkbar! Aachen hat davon zum Glück jede Menge. Vom Schickimicki-Club bis zur trashigen Kneipe mit Tanzfläche findest Du alles in der Stadt. Welche Lokalität Dein neues Wochenend-zu-Hause wird, musst du zwar immer noch selbst herausfinden, aber mit diesen Tipps hast Du schon mal den passenden Kompass für die Suche parat:

Eher eine Schüler- und Studentendisco mit unschlagbar günstigen Getränkepreisen ist das **B9** (Blondelstr. 9). Fast jeden Tag locken Specials wie beispielsweise „I love Freibier" oder das, unter Aachenern nur als „1 Euro-Party" bekannte, „All you can dance". Es läuft, was der Masse gefällt: von aktuellen Charts bis zu Partyklassikern. Fazit: Ins B9 geht man nicht, im B9 landet man – immer wieder. www.b9-aachen.de

Früher war's mal ein Kino, heute läuft im **Elysée Tanzpalast** (Kapuzinergraben 8-10) jetzt jeden Freitag und Samstag das Beste aus den 70ern, 80ern, 90ern und natürlich auch die aktuellen Hits.

Ladys haben samstags, Studierende freitags freien Eintritt. Das Durchschnittsalter ist etwas über dem Studenten-Schnitt, es wird Dich also nicht wundern, dass hier regelmäßig Ü35-Partys stattfinden. www.tanzpalast-elysee.de

Oben Omas Wohnzimmer, unten kultiger Clubkeller – so sieht's im **Hotel Europa** (Südstr. 54) aus. Das musikalische Konzept ist wohl das originellste in Aachen und lässt sich am ehesten mit „Indietronic/Gypsy/Polka/Swing"-Sound beschreiben, aber keinesfalls darauf beschränken. Gelungener Elektro-Retro-Balkan-Stilmix eben. www.deinhoteleuropa.de

s. auch „Durst?", S. 100

Die einzigartige Location **Stairs** (Theaterstr. 17) wartet mit edlem Ambiente und hervorragendem Restaurant auf. Preislich ist sie etwas höher anzusiedeln als die meisten Aachener Clubs, bietet dafür aber eine eigene Wein-Lounge und kreative Clubsounds. In jeglicher Hinsicht angenehm abseits vom mittelmäßigen Mainstream. Die „Absturzgefahr"-Partyreihe mit DJs eures Vertrauens aus der Blondelstraße, machen die elegante Location regelmäßig auch für diejenigen bezahlbar, bei denen Getränkepreise ganz oben auf der Prioritätenliste stehen. www.stairs-aachen.de

Aachens einzig echte Großraumdisco **Starfish** (Liebigstr. 19) bietet musikalisch alles von Charts über House und Blackmusic bis Discofox. Leider ist es hier häufig sehr voll, was wiederum für das Konzept des größten Mainfloor der Stadt spricht. Wer das klassische Disco-Erlebnis mag und eine „Minirock Party!" nicht für eine sexistische Angelegenheit hält, kann hier nicht viel falsch machen. www.starfish-aachen.de

Feiern alternativ

Das recht kleine **AOXOMOXOA** (Reihstr. 15) spielt, nach Wochentagen sortiert, ein breites musikalisches Spektrum. Ob Dark Wave und Gothic Rock am „Black Monday", Minimal und Techno beim „Cosmic Club" oder Bluesrock, Ska oder Hiphop bei wechselnden Party-Events: Hier gibt es das auf die Ohren, was man sonst vergeblich sucht. www.aoxomoxoa.de

Das als „Kino & Bar" deklarierte **Apollo** (Pontstr. 141 -149) wird nicht nur für seine außergewöhnliche Filmauswahl geschätzt, sondern auch für seine gut besuchten Partys. Hier darf die Musik dann auch ruhig wieder etwas mainstreamiger sein. Je nach Veranstaltung kannst Du poppige Party-Klassiker oder rockige Gitarrentöne zu hören bekommen. www.apollo-aachen.de

Früher schwerpunktmäßig eher im Kleinkunstbetrieb angesiedelt, hat sich die weitläufige Location **JAKOBSHOF** (Stromgasse 31) zu einer festen Größe in der Aachener Partyszene gemausert. Wechselnde DJs und Konzerte bereichern nämlich nun das Abendprogramm. Wenn Du gerne eine solide Grundlage fürs Feiern schaffen möchtest – bekochen lassen kannst Dich hier auch. Falls Du eine private Feier planst, kannst Du den Jakobshof aber auch für Dich ganz alleine mieten. www.jakobshof.de

Der Name **Musikbunker** (Goffartstr. 26) spricht eigentlich schon für sich: Laut, hart, anders. Mal rockig, mal elektronisch, in jedem Fall bekommst Du hier rauen schnörkellosen Partyspaß. im Bunker finden auch immer wieder Konzerte statt – sogar Bands mit überregionaler Bekanntheit lassen sich ab und zu blicken. www.musikbunker-aachen.de

Nach einem Umzug ist der kultige Untergrundclub **New Water** (Peterstr. 5) seit 2012 endlich wieder geöffnet. Die wechselnden Partyreihen bedienen musikalisch neben Punk, Funk und Ska vor allem eher die härteren Gangarten der Rockmusik. Ausnahmen bestätigen aber wie immer auch hier die Regel. Am allseits bekannten Kräuterschnaps kommst Du hier fast nicht vorbei. So gibt es

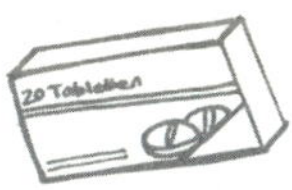

nicht nur die „Jägermeister-Rock-Party", sondern auch sonst ist bei fast jedem Eintritt ein Begrüßungs-Shot enthalten.
www.new-water.de

Optisches Highlight im langgezogenen Club **Nightlife** (Wirichsbongardstr. 10) ist definitiv die beleuchtete Bar. Hier gibt es meterweise Bier zu unschlagbar günstigen Preisen. Die Musikauswal ist ziemlich vielfältig: Den passenden Soundtrack zum Headbangen bekommst Du hier genauso wie den 80er und 90er-Abend, die Depeche-Mode-Party oder einfach die Querbeet-Mucke zum Tanzen. Das Nightlife ist der Club mit dem längsten Atem in der Stadt: Wenn anderswo schon die Lichter angehen, kannst Du hier samstags und sonntags ab 6.00 Uhr bei der „Electronic Afterhour" in die Party-Verlängerung gehen. www.nightlife-aachen.de

Feiern akademisch

Jedes Jahr im Oktober kann man sich vor Semesteranfangs-Partys kaum retten. Der **AStA** und die **Fachschaften** begrüßen die Erstis mit viel Musik und noch mehr Bier. Aber auch wenn das Semester nicht mehr ganz taufrisch ist, lässt Dich die Uni nicht auf dem Trockenen sitzen. In regelmäßigen Abständen veranstalten die verschiedenen Fakultäten ihre Feten, deren Erlös jeweils der Fachschaft zugute kommt. Bis auf das legendäre Party-Event der Maschinenbauer im Kármán-Auditorium finden die meisten davon

jedoch nicht auf dem Uni-Gelände statt. Beliebte Loca
z.B. das Apollo oder das B9. Mit dazu gibt's oft auch irgendwelche Specials – vom vergünstigten Tequila-Shot bis zur Gratis-Massage für jeden 59. Besucher kann Dir da so einiges passieren.
www.asta.rwth-aachen.de --> Events

Damit Du auch wirklich da landest, wo Du hinwillst, geben wir Dir noch ein paar hilfreiche Tipps mit auf den Weg: Die Karten für die Partys der „frauenstarken" Fächer, wie Medizin oder Biologie, sind meistens recht schnell ausverkauft. Kümmer Dich also lieber frühzeitig darum.

Auch von der Party-Werbung solltest Du Dich nicht täuschen lassen. Eine Krankenschwester auf dem Plakat macht noch keine Mediziner-Party. Falls Du Dich nicht versehentlich unter lauter einsamen Männern in der Hoffnung auf weibliche Gesellschaft auf einer Maschinenbau-Party wiederfinden möchtest, vertrau am besten nur Flyern mit dem offiziellen Fachschafts-Logo.

Auch die **Wohnheime** lassen sich nicht lumpen und laden meist einmal pro Jahr mit freiem Eintritt und günstigen Getränken ihre Bewohner (und auch die Nicht-Bewohner) zum großen Feiern ein. Ob die **Kullenhof-Party**, die **Semester-Anfangs-Umtrunks-Fete (S.A.U.F.**[3]**)** im Studentendorf oder das **Oktoberfest** im Halifax – irgendwo ist immer was los. www.kullen.rwth-aachen.de
www.dorf.rwth-aachen.de
www.halifax.rwth-aachen.de

Der Weg nach Hause

Wenn man es nicht besser wüsste, könnte man meinen, die Stadt wurde so konzipiert, dass auch die nicht mehr ganz nüchternen Nachtschwärmer immer wieder relativ problemlos den Heimweg finden. Im Fall der kompletten Orientierungslosigkeit hilft es fast immer, einfach ein Stück geradeaus zu gehen. Früher oder später landest Du auf einem der beiden Ringe, die die Innenstadt umschließen – und von da aus kannst Du Dein internes Navigationssystem wieder neu programmieren.

Wenn Dir das allerdings nach einer durchtanzten Nacht alles zu kompliziert ist oder Du einfach keine Lust mehr zum Laufen hast, gibt es natürlich auch andere Möglichkeiten, die paar Meter bis zur Haustür hinter sich zu bringen.

Die acht verschiedenen Linien der Aachener **Nachtbusse** bringen Dich um 1.45, 2.45 und teilweise auch um 3.45 Uhr vom Elisenbrunnen in alle Himmelsrichtungen. Außerdem gibt es in Aachen das Aseag-Sammel-Auto, kurz: ASA. Hier zahlst Du innerhalb des Aachener Stadtgebietes einen Pauschalpreis von 4,80 Euro, wenn Du Dich von einer ASA-Haltestelle bis vor Deine Haustür fahren lässt. www.aseag.de s. auch „Von A nach B", S. 53

Möglichst diskrete Heimfahrt gewünscht oder keine passende Wunsch-Verbindung verfügbar? Dann gibt es zum Glück ja immer noch die Taxis.

Die meisten Fahrzeuge hat der Aachener Taxiruf des **TAAV** (Taxiruf Aachener Autodroschken Vereinigung w.V.). Tel. 0241/66666, www.taxiruf-aav.de

Mini-Preise und günstige Pauschal-Tarife, wenn Du einen etwas weiteren Weg nach Hause hast, gibt es bei der Taxi-Alternative: **Mini-Car**. Tel. 0241/900700, www.taxi-minicar-aachen.de

Der nächtliche Heißhunger

Wenn sich die Diskotheken Aachens langsam leeren, herrscht bei **Kathy's Frietnesse** (Pontstr. 101-105) Hochbetrieb. Die holländische Pommesbude ist eine feste Größe im Aachener Nachtleben. Wem der Klassiker „Joopie spezial" auf Dauer zu langweilig wird, kann sich eine von mehreren Dutzend experimentellen Saucen über die Fritten gießen lassen. Wenn Du vor gar nichts zurückschreckst, kannst Du Dich auch an das Motto „Alles wird frittiert" halten und Dir einen Schokoriegel oder einen „Penis-Krokant" frisch aus dem heißen Fett bestellen.

Wie in den meisten größeren Städten, kannst Du Dich auch in Aachen auf die Dönerbuden verlassen, die Dir nachts noch einen leckeren Imbiss „mit allem" oder „mit ohne scharf" anbieten. Unsere Top-Adressen für den kleinen Appetit nach Mitternacht:

Hausgemachtes Fladenbrot und auf Wunsch richtig scharfen Döner gibt es beim **Deniz Grill** (Adalbertsteinweg 72).

Im **Luna Grill** (Blondelstr. 10) kannst Du neben Döner zur späten Stunde sogar noch Gegrilltes bestellen. Geheimtipp: Die Böregie für 50 Cent.

Wenn es nach durchfeierter Nacht bereits wieder Richtung Sonnenaufgang geht, kannst Du auch direkt die **BackWerk-Filiale** in der Pontstraße 133 ansteuern. Die hat am Wochenende glücklicherweise durchgehend geöffnet. Vielleicht holst Du Dir hier was fürs Frühstück und gönnst Dir auch schon den ersten Kaffee auf dem Weg zu Dir nach Hause.

Kirche
Kirche
Kirche
geschlossen
brunchen
Kühlschrank leer
brunchen

Sonntage
Sonntage
Sonntage
Kühlschrank leer
Kirche
brunchen
brunchen
eschlossen
geschlossen
Kühlschrank leer
Kühlschrank leer
Kühlschrank leer
ühlschrank leer
Kirche

Kein Weckerklingeln, kein Arbeitstag vor Dir, kein Unistress, kein Termindruck. Klingt doch erst mal und vor allem traumhaft, oder? Der Tag gehört Dir! Aber was fängt man mit so viel Freizeit nur an? Wie verbringst Du den perfekten Sonntag in Aachen? Damit Du Dich nicht vollkommen orientierungslos und von Deinem Stundenplan im Stich gelassen fühlst, folgt nun ein volles Sonntagsprogramm – Schwänzen und Ausspannen ausdrücklich erlaubt!

Notfall-Einkauf

„Kind, wo hast Du nur wieder Deinen Kopf? Was soll aus Dir werden, wenn Du mal alleine wohnst und Dich selbst kümmern musst?" Die Antwort: Ein satter Erwachsener – wenn „Kind" nach Aachen gezogen ist. Horror-Szenarien der ersten eigenen Wohnung, in denen samstagabends auf wundersame Art und Weise sämtliches Toilettenpapier verschwunden ist, im Kühlschrank gähnende Leere herrscht und bis Montag keine Rettung zu erwarten ist, können getrost ins Reich der Märchen verbannt werden. Man wohnt doch quasi in den Niederlanden. Nutz einfach die einmalige Grenznähe als Last-minute-Joker! Hier ein paar Adressen für die Erste Hilfe am Sonntagmorgen bei leerem Kühlschrank, die über die lebensrettende Sofortmaßnahme „Brötchen holen" hinausgeht.

Wenn Du nicht mehr Weg als unbedingt nötig zurücklegen möchtest, hält der niederländische Supermarkt namens **Naanhof** in Vaals (Maastrichterlaan 4), direkt hinter der deutsch-holländischen Grenze, von 10.00 bis 17.00 Uhr alles für Dich bereit, was das Herz begehrt. www.naanhof.nl

300 Meter weiter, dafür aber länger geöffnet, ist die Filiale des Supermarkts **Albert Heijn** (Prins Willem Alexanderplein 5). Von 9.00 bis 18.00 Uhr kannst Du Dir dort Deine Zutaten fürs Sonntags-Essen besorgen. Die Niederlande sind übrigens ein Paradies für

Kochfaule. Du findest hier nicht nur Fast Food à la Frikande (holländische Spezialität irgendwo zwischen Bratwurst und Frikadelle), sondern auch unzählige weitere, fertig zubereitete Gerichte in den Kühlregalen. www.ah.nl

Falls Du weder im westlichen Teil von Aachen wohnst, noch unbedingt am Sonntag die Reise ins fremdsprachige Ausland auf Dich nehmen möchtest, gibt es natürlich auch noch die herkömmlichen Institutionen, die Deine persönliche Hungersnot verhindern: **Tankstellen** und **Buden**. Für den etwas lockerer sitzenden Geldbeutel findest Du auch dort sicher etwas, das Dich heil durch den Tag bringt.

Angesiedelt sind Erstere zwar ausschließlich jenseits des äußeren Rings, aber selbst an einem verkaterten Sonntag ist der Weg dahin durchaus machbar. Hier eine kleine Auswahl an Exemplaren, die rund um die Uhr zur Verfügung stehen, um Dich mit völlig überteuerten, aber nötigen Chips, Ravioli, Trinkjoghurts, WC-Papier und Deo zu versorgen:

Aral-Tankstellen (Roermonder Str. 33, Joseph-von-Görres-Str. 53, Krefelder Str. 155)

Esso-Tankstellen (Europaplatz 4, Roermonder Str. 116, Lütticher Str. 62)

Buden, die Dich sonntags nicht im Stich lassen, findest Du hier:

Kiosk am Kreishaus (Zollernstr. 21): Sonntags von 6.00-1.00 Uhr geöffnet

Kiosk am Kurpark (Burtscheider Markt 9-11): Sonntags von 8.00-22.00 Uhr geöffnet

Kiosk Gülpen (Roermonder Str. 10): Sonntags von 9.00-12.00 Uhr geöffnet

Eine tröstliche Alternative für alle, die innerhalb des Aachener Innenrings zuhause sind und sonntags hungern:

Kiosk Beissel (Schmiedstr. 18): Sonntags von 9.00 bis 15.00 Uhr geöffnet

Brunch

Du fühlst Dich frisch genug, um Dein Frühstück in der Öffentlichkeit einzunehmen? Dann hast Du nur noch ein Problem: eine Stadt – so viele Möglichkeiten! Wer soll da noch den Überblick behalten? Deshalb folgt nun ein kleiner Entscheidungshelfer, damit Du Dich am Sonntagmorgen nicht erst ins World Wide Web, sondern nur noch aufs Buffet stürzen musst. Denn was gibt es Angenehmeres, als nach einer durchzechten Nacht nicht in einen unschön leeren Kühlschrank gucken zu müssen, sondern sich mit sympathischen Leuten zum Brunchen zu treffen? Hier kann es klappen:

Zentral am Bushof liegt das **Alex** (Komphausbadstr. 10). Perfekt zum Frühstückstreff mit Freunden. Ein gemütlicher Start in den Sonntag, dem es von Brötchen bis Hauptgericht an nichts mangelt. Hier kannst Du zwischen 9.00 und 14.30 Uhr brunchen. Kostenpunkt: 10,55 Euro (ohne Getränke). www.dein-alex.de --> Aachen

Nicht nur zum Feiern ist das **Café Madrid** (Pontstr. 141-149) die perfekte Adresse. Hier kannst Du sogar zwischen zwei Brunch-Varianten wählen. Gegen Ende des Monats bietet sich möglicherweise das „Basic-Paket" für 9,80 Euro an. Das ist dann ohne Getränke. Ansonsten kannst Du das „Genießer-Paket" für 14,50 Euro buchen mit Kaffee, Tee und Säften inklusive. Unabhängig davon, ob Du basisch oder genießerisch unterwegs bist, bekommst Du köstliches, hausgemachtes Essen: Salate, Lasagne, Entenbrust à l'orange oder im Winter mal ein Sauerbraten? Probier's aus!

Brunchen kannst Du zwischen 10.00 und 14.00 Uhr.
www.cafe-madrid.com

Direkt am Marktplatz gibt es sonntags in heimeliger Atmosphäre und auf der schönen Terrasse im **Extrablatt** (Markt 45-47) alles, was zu einem reichhaltigen Brunch gehört. Ob frisch und fit mit Früchte-Müsli oder verkatert mit Rührei, Würstchen, Bohnen und wechselnden warmen Gerichten – hier findet jeder etwas. Mit 9,95 Euro bist Du dabei! www.cafe-extrablatt.com

--> Dein Extrablatt vor Ort--> Aachen

Urlaubsstimmung am Morgen kommt bei der karibischen Atmosphäre im **Havana** (Komphausbadstr. 15-19) auf. In zentraler Lage hält die Cocktailbar, was der Name verspricht, und bietet in ihrem großen Hauptraum auch Platz für rauchende Brunch-Freunde. Auch ohne Kippe sehr zu empfehlen: Eier, Speck, Würstchen, Tomate-Mozzarella mit Basilikum und immer zwei wechselnde Gerichte, auf Wunsch auch vegetarisch. Das kostet Dich 8,50 Euro. Da sind ein Saft und ein Kaffee dabei. Genießen kannst Du das alles immer sonntags zwischen 10.00 und 15.00 Uhr. www.havana-aachen.de

Besonders im Sommer lädt die romantische grüne Außenterrasse des **Magellan** (Pontstr. 78) zum Brunchen ein, die direkt an einem kleinen Bach liegt. Aber auch der gemütliche Innenraum kann sich sehen lassen. Hier gibt es von 10.00 bis 14.00 Uhr nicht nur deutsche Brunchklassiker, sondern auch vielfältige orientalische Speisen wie Feta, türkische Knoblauchwurst, Pide, Humus oder Blätterteig mit Schafskäse und Spinat. Ein Glas O-Saft ist ebenfalls inbegriffen. www.magellan-ac.de

Hier heißt es: Schlemmen, wie es im Buche steht. Von Einrichtung bis Nachtisch ist das **Middelberg** (Rethelstr. 6) in jeglicher Hinsicht eine klassische Konditorei. In der Rethelstraße wartet sonntags ab 10.30 Uhr der „Super-Sonntags-Brunch" auf Dich. Warmes gibt es

zwar erst ab 11.30 Uhr, dafür dann aber direkt verschiedene Gerichte, wie beispielsweise Suppen, Salate, Schweinelendchen und verschiedene Fischsorten. Lass trotzdem Platz im Magen für das riesige Dessertbuffet! Dass hier auf Grund der großen Anfrage Reservierungspflicht herrscht, spricht für sich. Tel. 0241/39167, www.cafe-middelberg.de

Ebenfalls einen Besuch wert ist der **Pontgarden** (Pontstr. 154). Von außen lässt sich kaum erahnen, wie weit sich dieses Schmuckstück der Pontstraße innen noch in den Garten hinein erstreckt. Hier gibt es neben reichlich Platz auch noch allerlei Kulinarisches. Nicht nur der Müsli-Freund wird auf seine Kosten kommen, vom französischem Käse bis zum arabischen Muhamarra (scharfer Paprika-Walnuss-Dipp) findet sich auf dem Buffet für jeden Geschmack etwas. Für 8,90 Euro kannst Du Dir hier zwischen 10.00 und 14.00 Uhr nach Herzens Lust den Bauch vollschlagen. Kids unter zehn Jahren werden für 4,90 Euro satt, die Kleinen unter vier dürfen umsonst mitessen. www.pontgarten.net

Schläfst Du noch oder isst Du schon? Jeden Sonntag öffnet die **Ikea-Filiale** im niederländischen Heerlen ihre Pforten. Da es hungrig macht, Teelichter, Kerzenständer und Fotorahmen auszusuchen, gibt's den Brunch auch gleich vor Ort. Darf's vielleicht die Hühnerpastete, die Tomatensupppe und zum Dessert das Zimtbrötchen sein? Für 5 Euro bist Du dabei! Und den Kaffee bekommst Du gratis mit dazu. www.ikea.com/nl --> IKEA vestigingen --> IKEA Heerle

Das besondere Frühstück

Ein exorbitant gutes Frühstück bekommst Du nahe der Milchstraße (wie passend!) im **Galilei** (Marienbongard 24-26). Die meterlangen Buffet-Tafeln, die sich unter den gemalten Sternen und Planeten erstrecken, lassen keinen Wunsch offen. Hier kannst Du deftig in den Sonntag starten, mit Pide, Wurst, Schafskäse und Peperoni. Für

Fußballfans gibt es im Galilei alle Spiele der Bundesliga in Konferenz sowie Champions League und UEFA-Cup – auf Leinwand, versteht sich. Das Frühstück gibt's zwischen 10.00 und 14.00 Uhr und kostet 5,90 Euro (da ist ein kleiner Saft mit drin).
www.cafe-galilei.de

Wer zum Frühstücken ins **Louisiana** (Friedrich-Wilhelm-Platz 4-6) in der Elisengalerie einkehrt, könnte den Eindruck haben, im New Orleans des 18. Jahrhunderts gelandet zu sein. Rustikale Einrichtung und hausgemachte amerikanische Burger machen das Flair dieser Location aus. Unter dem Motto „Wake up in Aachen" kannst Du Dich hier für 9,50 Euro in den Sonntag schlemmen und dabei Kaffeenachschub haben soviel Du willst. Eine interessante Regelung des Hauses lautet: Kinder unter 1,20 Meter zahlen nur die Hälfte. www.louisiana-aachen.de

Und falls Du Dir lieber à la carte Dein Wunschfrühstück zusammenstellst, folgen hier ein paar Insider-Tipps:

Das **Café M** (Dammstr. 29-31) punktet im modernen Ambiente nicht nur mit freiem W-Lan und Kinderspielbereich. Hier gibt es orientalisches und französisches Frühstück und vieles mehr. Wie wäre es zum Beispiel mit hausgemachtem Brot mit Rosenmarmelade? Oder lieber Weißkäse und eingelegte Auberginen? Nachtschwärmer-Pluspunkt: Selbst wenn die Aspirin erst am Nachmittag wirkt und Du um 16.00 Uhr hereinschlurfst, hast Du noch eine ganze Stunde Zeit zum Frühstücken ... www.cafe-m-aachen.de

Klassisch gediegene Kaffeehausatmosphäre kannst Du im **Café van den Daele** (Büchel 18) auf Dich wirken lassen. Ideal für traute Zweisamkeit ist das Paillasse-Verwöhn-Frühstück für zwei Personen. Dabei ist das „Pain Paillasse" (Strohmattenbrot) die Besonderheit. Und wer hat's erfunden? Natürlich ein Schweizer! Um genau zu sein: ein Bäckermeister aus Genf, der sich wohl während der lan-

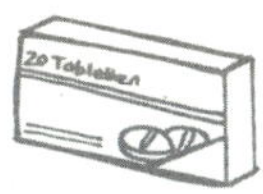

gen Reifezeit dieser Köstlichkeit nochmal getrost auf seine Strohmatte hauen konnte. Übrigens wird geraten, es (im Gegensatz zum Baguette) längs aufzuschneiden, damit es sein tolles Aroma besser entfalten kann. www.van-den-daele.de

Der Kirchgang

Wenn für Dich der Kirchgang zum Sonntag dazugehört, findest Du in Aachen mit hoher Wahrscheinlichkeit auch die passende Gemeinde. Evangelischen Gottesdienst kannst Du z.B. in der frisch sanierten **Annakirche** (Annastr. 35), der **Friedenskirche** (Passstr. 92), der **Auferstehungskirche** (Am Kupferofen 19-22) oder der **Christuskirche** (Am Rosengarten 8) besuchen. Einen Überblick über die evangelischen Kirchengemeinden und die Gottesdienstzeiten findest Du hier: www.evangelisch-in-aachen.de

Wenn Du zur katholischen Messe gehen möchtest, könnten – außer der **Hohen Domkirche** – auch die **Heilig-Kreuz-Kirche** (Pontstr. 148) oder die Kirchen **St. Foillan** (Ursulinerstr. 2), **St. Peter** (Peterkirchshof), **St. Andreas** (Am Weberhof 1) und **St. Adalbert** (Kaiserplatz) in Frage kommen. www.bistum-aachen.de

In Aachen sind natürlich viele Glaubensrichtungen vertreten. Und auch für die Ökumenische Bewegung wird hier etwas getan. Im November 2005 wurde unter Leitung der Integrationsbeauftragten der Stadt Aachen der Arbeitskreis **Dialog der Religionen** gegründet. Er hat sich zum Ziel gesetzt, ein friedliches Miteinander der verschiedenen Kulturen und Religionen zu fördern. Daran sind die katholische, die evangelische, die russisch-orthodoxe, die griechisch-orthodoxe, die Baha'i-Gemeinde, die jüdische, die sunnitische, die alevitische und die hinduistische Gemeinde beteiligt. Mehr Infos zu den Aachener Gemeinden und dem „Dialog der Religionen" findest Du unter: www.aachen.de

--> Stadt Bürger
--> Gesellschaft Soziales
--> Kirchen Religion

Sonntagsspaziergang

Du kannst nach Brunch oder Kirchgang der Verlockung widerstehen, wieder in Dein warmes, weiches Bett zu kriechen? Gut! Dann hat Aachen noch ein paar Trümpfe für Deinen gelungen Sonntag im Ärmel:

Für den Verdauungsspaziergang, die Joggingroute, das Sonntagspicknick oder einfach nur zum Sitzen und Entspannen macht sich der **Öcher Bösch** (so wird der Aachener Stadtwald genannt) ganz hervorragend. Er ist übrigens nicht nur auf Aachener Gebiet begrenzt: Die 1350 Hektar Grünfläche erstrecken sich bis ins benachbarte Belgien!

Stadtspaziergang? Wie wäre es mit einer urbanen Schnitzeljagd? Auch in Aachen sind zahlreiche **Geocaches** an außergewöhnlichen Orten versteckt.
www.gps-schatzsuche-geocaching.de --> NRW --> Aachen

Falls Du am Sonntag auch den Anblick von Universitätsgebäuden verkraftest, lohnt es sich, einen Bus hinaus zum Uniklinikum (Pauwelsstr. 30) zu nehmen. Ringsum erstrecken sich Wiesen und Felder. Dazwischen schmiegt sich die wunderschöne Gutshofanlage **Gut Melaten** (Schneebergweg 30) – und wenn Du hier entlangschlenderst und die Schafe grasen siehst, scheint Dir der Montag noch eine Ewigkeit weit weg.

Einzigartiges Ausflugziel ist natürlich das Dreiländereck. Hier befindest Du Dich gleichzeitig an der Grenze zu unseren beiden Nachbarn Belgien und Holland und nur wenige Schritte weiter auch direkt auf der höchsten Erhebung der Niederlande: dem **Vaalsberg**. Und, wenn Du schon mal da bist, solltest Du definitiv einen kurzen

Abstecher ins Dreiländereck-Labyrinth machen und den tollen Blick vom Aussichtsturm genießen. s. „Es ist Sommer!", S. 119

Wen es noch weiter ins Grüne zieht, den bringt die Linie 63 in knapp einer Stunde ins Naturschutzgebiet Eifel. Hier erwartet Dich nicht nur der Ausblick auf den Rursee, sondern auch der **National-park Eifel**, in dem über 1450 bedrohte Tier- und Pflanzenarten beheimatet sind. www.nationalpark-eifel.de

Ausflüge um die Ecke

Du möchtest Dich mal so richtig in die Kurve legen wie Sebastian Vettel? Europas größte Indoorkartbahn im belgischen **Eupener Karting** liegt gerade einmal 20 Kilometer von Aachen entfernt. Buchen kannst Du entweder 12 Minuten für 14 Euro oder 28 Minuten für 28 Euro, um Deine Runden zu drehen. Mit einer ganzen Gruppe kannst Du hier auch einfallen, falls Du Dich im Gasgeben mal mit Deinen Freunden messen willst. www.eupenerkarting.be

Als Freiluft-Alternative wartet praktisch direkt vor der Haustür die **Kartbahn Vaals** auf Dich. Mit dem kleinen Vehikel mal schön Krach in der Landschaft machen? Das geht hier sowohl mit dem Einer- als auch mit dem Zweier-Kart. www.kartingvaals.nl

Beim **Aachener Tierpark Euregiozoo** (Obere Drimbornstr. 44) handelt es sich um einen liebevoll angelegten Tierpark, der mit Streichelgehege, Spielplatz und Ententeich besonders kinderfreundlich ist. Der Eintritt kostet 6 Euro (ermäßigt 5 Euro) und Tierfutter für die gierigen Ziegen gibt es für gerade einmal 50 Cent. Falls Dir ein Tier besonders gut gefällt, kannst Du hier auch eine Patenschaft übernehmen – je nach Spezies, die Du Dir aussuchst, kannst Du schon ab 25 Euro Tante oder Onkel werden!
www.euregiozoo.de

Eine ganze Menge sehenswerte alte Gemäuer findest im Aachener Stadtkern. Es lohnt sich auf jeden Fall, ab und zu paar Schritte über den Stadtrand hinaus zu wagen.

Herrlich verträumt am Wasser liegt das **Schloss Rahe** (Schloß-Rahe-Str.) im Aachener Stadtteil Laurensberg. Immer wieder finden hier verschiedene Festlichkeiten statt. Es gibt Tage der offenen Tür, Krimidinner, Klassikkonzerte und viele weitere Festivitäten für einen besonderen Tag oder Abend. www.schlossrahe.de

Nur einen Steinwurf von den Niederlanden entfernt steht die **Burg Rode** in Herzogenrath mit ihren hübschen Türmchen. Du kannst an einer Führung durch das märchenhafte Schloss teilnehmen und anschließend einfach ein bisschen durch Herzogenrath schlendern. Auch ein Sonntagsausflug ins nahe Stolberg kann man sich an einem Sonntagnachmittag locker zumuten. Auch da gibt's alte Steine zu sehen: die mittelalterliche **Burg Stolberg**.
www.burgrode.de www.burg-stolberg.de

Nicht mehr so ganz um die Ecke, aber dennoch in einer Dreiviertelstunde mit dem Auto erreichbar ist die Stadt **Maastricht**. Mit etlichen Sehenswürdigkeiten lockt sie auch immer wieder die Aachener über die niederländische Grenze. www.maastrichtportal.nl

Kaffee, Kuchen, Kalorien

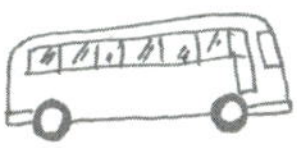

Auch wenn Du möglicherweise gerade erst vom Brunchen kommst: Nachtisch geht immer. Wo Du Deinen Lieblingskuchen und allerhand anderes Süßes im hochkalorischen Bereich bekommst, verraten wir Dir hier.

Wer sowieso grade zum lecker Frühstück da war, oder einfach nur Lust auf den berühmten Baumkuchen hat, ist auch nachmittags

beim **Café Middelberg** (Rethelstr. 6 und Jahnplatz 11) an der richtigen Adresse. www.cafe-middelberg.de

Wenn Du das **Café van den Daele** (Büchel 18) betrittst, darfst Du unter Strafe nicht hinaus, ohne die köstlichen Printen probiert zu haben. Schon die Namen lassen Dir das Wasser im Munde zusammenlaufen: Saftprinten, Kräuterprinten, Printenkonfekt ... hmmm! www.van-den-daele.de

Total gut geeignet für alle, die mit Freude zunehmen wollen, ist auch das **Aachener Caféhaus** (Krämerstr. 11), wo köstlichste Kuchen und Torten auf Dich warten. Und auch was die anbetrifft, sind nicht nur die Namen gut: Calvadostorte, Café-Haus-Torte, Apfel im Schlafrock ... www.aachener-cafe-haus.de

Im Alt **Linzenshäuschen** (Eupener Str. 378) kann man bei historischem Flair täglich um die 15 Kuchensorten probieren! Und da sind die Champagnertorte und die Mousse-au-chocolat-Torte nur zwei besonders verführerischen Beispiele.
www.alt-linzenshaeuschen.de

Das **Café Liège** besitzt in Aachen gleich mehrere Standorte (Meyersche Buchhandlung, Buchkremerstr. 1-7, Missio-Haus, Anton-Kurze-Allee 4, Uniklinik, Pauwelsstr. 30 und Marktplatz 5). Die Filiale in der Mayerschen Buchhandlung hat sonntags zwar geschlossen, dafür kannst Du im Missio Haus die köstlichen „kleinen Sünden" probieren. Und die sind wirklich sündhaft lecker:

So etwas gibt's doch eigentlich nur im französischsprachigen Ausland: Baisers (Schaumgebäck aus Eischnee), Clafoutis (Mittelding zwischen Auflauf und Kuchen), Franchipan (Fruchttörtchen). Also

Achtung bei der korrekten Aussprache der Bestellung und dann „Bon appétit"! www.cafe-liege.de

Mit **Cuperella** (Pontstr. 40) hat Aachen sein erstes eigenes Cupcake-Café. Hier gibt es die trendigen Törtchen in allen Variationen und sogar in der veganen Version. Probier mal Blaubeer oder mit Oreo-Keks. Oder bist Du eher ein Brownie-Fan? Auch dann bist Du hier an der richtigen Adresse. www.cuperella.de

Im **Café Belle Vue** (Lemierser Berg 48) kannst Du nicht nur die namentlich versprochene traumhafte Aussicht, sondern auch eine große Auswahl an laktose- und glutenfreien Kuchen und köstliche Waffeln genießen.
www.cafebellevue-aachen.de

Bei den Bäckereien Oebel, Nobis, Moss und Co. gibt es morgens frische Brötchen und nachmittags leckeres Gebäck und Aachener Printen.
www.oebel.de
www.nobis-printen.de
www.baeckerei-moss.de

Hausgemachte Eisspezialitäten mit gleichzeitigem Blick auf den Dom bekommst Du im **Café zum Mohren** (Hof 4). Das perfekte Dessert, nicht nur an einem Sommer-Sonntag. Du magst lieber etwas weniger kaltes? Wie wär's dann vielleicht mit dem Schokoladenkuchen „Krippekratz" (so heißt der Teufel im Öcher Platt), der hier täglich frisch gebacken wird? Oder lieber der Schokobeer-Kuchen oder doch noch viel lieber ein belgischer Reisfladen? www.cafezummohren.de

Abendprogramm

Sonntagabend ist Tatort-Abend. Falls es Dir zu langweilig und spießbürgerlich ist, die deutsche Kultserie alleine auf dem Sofa zu gucken, dann hast Du bereits eine Gemeinsamkeit mit vielen anderen Aachenern, die auch gerne ihren Sonntag bei Krimi und netter Gesellschaft ausklingen lassen.

Wenn Du trotz Gesellschaft auf die heimelige Atmosphäre eines Fernsehabends nicht verzichten möchtest, bist Du im **Zuhause** (Sandkaulstr. 109/111) genau richtig. Eingerichtet wie Omas Wohnzimmer, ist es eine der Kultkneipen in Aachen und bietet Dir neben einem Sofaplatz zum Tatort schauen jedes Mal ein Täterraten mit tollen Preisen. www.zuhause-aachen.de

Mindestens ebenso kultig ist das **Kaktus** (Pontstr. 121), welches seit über 20 Jahren seinen festen Platz in der Aachener Pontstraße hat. Hier gibt es jeden Tatort-Sonntag zwei Longdrinks für 4,20 Euro. www.kaktusaachen.de

Das **Café Einstein** (Lindenplatz 17) ist wirklich eine ganz besondere Location in Aachen. Nicht nur, dass sie die einzige Kneipe der Stadt mit einer Sonnenterasse am „fließenden Wasser" ist, sie akzeptiert auch die faire, regionale Aachener Währung „Pauer". Den Milchkaffee, den es am Sonntagabend zum Tatort besonders günstig gibt, kannst Du nichtsdestotrotz in Euro bezahlen. Und sicherlich auch den Eintritt zu den verschiedensten Veranstaltungen wie Konzerte, Lesungen und Ausstellungen. www.einstein-aachen.de

... und wenn mal kein Tatort läuft, zeigen alle Locations alternativ den Polizeiruf 110.

Wenn Dir die sonntägliche Tatort-Routine langweilig wird und Du lieber mal wieder mit Freunden einen Spieleabend verbringen möchtest, dann bist Du im **Chico Mendes** (Pontstr. 74-76) sehr gut aufgehoben. Das Café der katholischen Hochschule bietet in seinen deckenhohen Regalen fast alles, was das Spielerherz begehrt. Dazu gibt's Fairtrade-Biotee oder Cocktails zu mindestens ebenso fairen Preisen. Reserviert wird unter Tel. 0241/4700141.

Der **Pauer** ist eine Aachener Alternativ-Währung, die als Tauschmittel funktioniert und keine schlimmen Dinge anrichten kann, da sie weder Zinsen einbringt noch sich zur Spekulation eignet. Wie Du den Pauer bekommst und wie und wo Du ihn am besten wieder ausgeben kannst, erfährst Du hier: www.pauer-aachen.de

s. „Frostige Zeiten", S. 132

Eltern
Sightseeing
Touris
Touris
Touris
Sights
aufräumen
aufräumen
aufräumen
aufräumen

Besuch
Besuch
Besuch?
Tourikram
Tourikram ...
Besuch
Tourikram ...
Eltern
endlich
Sightseeing
Eltern

Deine Familie steht vor der Tür oder Dein Kumpel hat sich spontan bei Dir einquartiert? Dann sind natürlich Deine Fähigkeiten als Stadtführer gefragt! Dein Besuch möchte schließlich mit einer ordentlichen Portion Ortskenntnis und einigen touristischen Geheimtipps von Deiner Wahlheimat am westlichsten Zipfel Deutschlands begeistert werden. Wie gut, dass Aachen nicht irgendein Nest ist, in das es Dich durch einen dummen Zufall verschlagen hat, sondern eine liebenswürdige Stadt mit geschichtsträchtiger Vergangenheit, gemütlichen Gassen und einer studentischen Kneipenszene.

Du machst vielleicht keine Ausbildung im Tourismusmanagement, willst Deine Gäste aber dennoch von Deinen Qualitäten als Neu-Öcher überzeugen? Kein Problem mehr, wenn Du dieses Kapitel gelesen hast.

Vorbereitungen

Aachen ist wirklich DIE perfekte Stadt, um vor dem Besuch von außerhalb ein bisschen anzugeben: Die schmucke Altstadt bietet architektonische Sehenswürdigkeiten von Weltruhm, die heißen Quellen und die Nähe zum Grünen machen die Bäderstadt zur Wellnessoase (das wussten schon die Römer) und die euregionale Küche verwöhnt anspruchsvolle Gaumen.

Nicht nur während des CHIO oder zur Weihnachts- oder Karnevalszeit tummeln sich eine Menge Besucher in Aachen. Das europäische Flair, der prächtige Dom und das pompöse Rathaus machen die Stadt zu einem echten Touri-Magneten. s. „feste Feste", S. 20

Bevor Du mit Deinem Anhang durch die Stadt tourst, solltest Du für den Fall spontaner Orientierungslosigkeit einen Stadtplan besorgen. Den gibt's kostenlos in der **Tourist Info** am Elisenbrunnen (Friedrich-Wilhelm-Platz).

Hier gibt's den Plan
zum Download: www.aachen.de

--> Tourismus --> Service/Prospekte
--> Stadtplan Aachen

Vorsicht: Die Aachener Innenstadt ist hügelig und weitgehend kopfsteingepflastert. Gäste mit filigranem Schuhwerk sollten sich deshalb gut überlegen, ob sie ihre High Heels nicht lieber gegen bequeme Sneakers tauschen.

Deine Touri-Tour

Deine Tour beginnt am **Stadttheater** (Hubertusstr. 2-8). Dieser Treffpunkt liegt recht zentral in der Nähe des Hauptbahnhofs und doch fernab von einkaufswütigen Menschenmassen. Gebaut wurde der prächtige klassizistische Klotz im Jahr 1825 von Karl Friedrich Schinkel und Johann Peter Cremer. Nachdem er im Zweiten Weltkrieg weitgehend zerstört wurde, hat man das Gebäude in den 50er Jahren wieder neu aufgebaut. Darauf weist auch die römische Inschrift MDCCCCL auf der Rückseite des Gebäudes hin, die Du Deinem Besuch ganz bestimmt zeigen möchtest.

Den Kapuzinergraben geht ihr rechts entlang, dann gibt es gleich noch was Klassizistisches: den **Elisenbrunnen** (Friedrich-Wilhelm-Platz) – ein weiteres Erzeugnis der Bauherren Schinkel und Cremer. Eigentlich ist er weit mehr als ein Brunnen, eher ein Monument, das daran erinnert, dass sich in früheren Jahrhunderten die High Society hier traf. Du kannst ein-

fach Deiner Nase folgen, denn die Kaiserquelle, die in die beiden Trinkbrunnen fließt, verbreitet durch ihren Schwefelgehalt den markanten Geruch fauler Eier.

Davon ließen sich die berühmten Kurgäste jedoch nicht abschrecken: Karl der Große, Papst Pius II., Albrecht Dürer, Georg Friedrich Händel, Napoleon Bonaparte, Franz Liszt und viele andere Herren und natürlich auch Damen von Welt kamen einst wegen der Heilquellen nach Aachen. Benannt wurde das Gebäude nach der Kronprinzessin Elisabeth Ludovika von Bayern.

Auch der Elisenbrunnen wurde nach dem Krieg neu errichtet und beherbergt zwei Quellen. Ein Schild weist Dich zwar darauf hin, dass das Thermalwasser kein Trinkwasser ist und es wurden auch schon mal Spuren von Arsen darin gefunden, aber ein mineralhaltiges Heilwasser ist es jedenfalls. Du solltest es nur nicht in großen Mengen zu Dir nehmen.

Neben dem Elisenbrunnen steht das **Klenkes-Denkmal**. Hier lernst Du den Ur-Gruß der Öcher. Die vielen Nadelfabriken, die es früher in der Stadt gab, sind dran Schuld. Die Aachener, die damals dort arbeiteten, mussten beim Aussortieren der Nadeln den kleinen Finger derart abspreizen, dass sich dadurch auf Dauer eine anatomische Besonderheit bei ihnen einstellte. Den Öcher erkannte man also am seltsamen kleinen Finger. Diesen in die Luft zu strecken, hat sich dann zu einem Begrüßungsritual entwickelt, das hier im Denkmal verewigt ist. Die Geste der drei Figuren sollte also auf gar keinen Fall missverstanden werden – es handelt sich hier schließlich um den KLEINEN Finger! → s. „Sprachregeln", S. 234

Auf der Rückseite des Elisenbrunnens erstreckt sich der **Elisengarten.** Die Grünfläche war früher mal ein Klostergarten und diente später den Kurgästen zur Entspannung. Der Garten wurde auch in der Nachkriegszeit umgestaltet und heute dient er den Aachenern zum Rumhängen und Entspannen.

Am Ende des Elisengartens kommt ihr dann auch schon am **Geldbrunnen** an. Der beschert euch leider keinen spontanen Reichtum, sondern bringt euch vielmehr etwas über den Umgang mit Geld bei. Insgesamt sechs Figuren gruppieren sich rund um den Brunnen, wobei vier davon jeweils Geiz, Gier, Gönnerhaftigkeit und Bettelei verkörpern. Daneben sitzt ein Kind, das sich von seinem Vater erst mal noch einiges zum Thema Geld erklären lassen muss. Hier kannst Du übrigens ziemlich oft Touristen beobachten, die sich auf den Brunnenrand stellen und für einen Schnappschuss die Gesten der Figuren imitieren. Vielleicht lasst ihr euch ja auch zu einem Erinnerungsfoto hinreißen?

Mit einem Blick über den angrenzenden Münsterplatz entdeckst Du schon den kulturellen Höhepunkt der Tour, den **Aachener Dom**. Egal, ob Du an Gott oder nicht einmal an den Wetterbericht glaubst, die Dombesichtigung gehört in Aachen zum absoluten Pflichtprogramm!

Das Zentrum des beeindruckenden, prunkvollen Gebäudes bildet das Oktogon mit seiner beeindruckenden Kuppel und seinen goldenen Mosaiken, das ursprünglich als Pfalzkapelle für Karl den Großen gebaut wurde. Der hat hier auch seine Grabstätte gefunden und seine Gebeine werden im Karlsschrein aufbewahrt.

Im Obergeschoss des Doms befindet sich der marmorne Königsthron, auf dem bis ins 16. Jahrhundert hinein insgesamt 31 Herrscher gekrönt wurden. Bei so vielen beachtlichen Fakten ist es keine Überraschung, dass der Dom als erstes deutsches Bauwerk 1978 zum UNESCO-Weltkulturdenkmal erklärt wurde.

Vom Münsterplatz aus führt die **Krämerstraße** rechts am Dom vorbei. Die kleine Gasse offenbart euch die geballte Ladung an kulinarischem Stolz der Öcher: Printen! Die prächtig geschmückten Schaufenster der Printenbäckereien machen es beinahe unmöglich, eure Touri-Tour zügig fortzusetzen, denn hier muss man einfach eine Weile hängenbleiben. Und weil die Auswahl an Varianten der lokalen Spezialität – die man übrigens nie einfach „Lebkuchen" nennen darf – so riesig ist, darfst Du auch öfter mal probenaschen. Wenn Du mehr über die Geschichte und Rezepturen der Printen erfahren willst – die Bäckerei Klein hat sogar ein **Printenmuseum** (Franzstr. 31) eingerichtet.

Der Einheimische isst sie natürlich das ganze Jahr über, aber falls Dir die Printen nur zur Weihnachtszeit schmecken, dann gibt es für den Rest des Jahres eine Alternative: die süßen Aachener Streuselbrötchen.

Kurze Kaffeepause!

Jetzt seid ihr schon eine Weile unterwegs und habt euch auch schon eine ganze Menge historischen und kulturellen Input verpasst. Das schreit geradezu nach einer Kaffeepause! Euer aktueller Standort ist perfekt dafür: Rund um den Dom findet ihr viele kleine Cafés, in denen ihr gemütlich bei einem Heißgetränk die traditionelle Öcher Backkunst (über Printe und Streuselbrötchen hinaus) genießen könnt.

Auf dem Weg zum **Café zum Mohren** (Hof 4) könnt ihr ganz nebenbei besichtigungstechnisch noch gleich den **Puppenbrunnen**

mitnehmen. Die Figuren des Brunnens sind beweglich und haben alle irgendeine Bedeutung in Bezug auf die Stadt. So gehören z.B. ein Pferd mit Reiter, ein Gelehrter, ein Geistlicher und diverse Karnevalsmasken dazu. Bestimmt errätst Du auch als Aachen-Neuling schon, worauf die Puppen anspielen sollen.

Doch zurück zum Café! Beim köstlichen Schokoladenkuchen „Krippekratz" und einer Tasse Kaffee – am besten auf der Außenterrasse mit Blick auf den Dom – beschleicht Dich unweigerlich das Gefühl, genau am richtigen Ort zu sein. www.cafezummohren.de

Für die Verschnaufpause in Domnähe gibt es aber auch noch ein paar weitere gemütliche Cafés, die Dich in eine ähnliche Stimmung versetzen:

Die Pralinen, Kuchen und andere Leckereien in den **Alt Aachener Kaffeestuben** (Büchel 18): sind einfach unwiderstehlich. In dem gemütlichen Café sitzt man in verwinkelten Nischen und fühlt sich ganz in eine andere Zeit versetzt. www.van-den-daele.de

Das **Café Middelberg** (Rethelstr. 6) ist der perfekte Ort für Tortenliebhaber. Die Auswahl ist gigantisch und Aussehen und Geschmack der Prachtstücke sind allererste Sahne! www.cafe-middelberg.de

Dank eigener Rösterei schmeckt das Käffchen im **Aachener Café Haus** (Krämerstr. 11) besonders lecker. Zum Wohlfühlfaktor trägt natürlich auch das schicke Ambiente bei.
www.aachener-cafe-haus.de

... und weiter geht's

Von der Krämerstraße aus geht's weiter zum **Hühnermarkt** – einem wunderschönen Platz, auf dem früher Huhn und Ei an den Mann bzw. die Frau gebracht wurde. Und vermutlich wunderst Du Dich nicht, dass Aachen auch hier einen passenden Figurenbrunnen hingestellt hat. Dargestellt ist ein Hühnerdieb, der, so sagt die Legende, statt eines Huhns versehentlich einen Hahn geklaut hat, der ihn dann durch sein lautes Kikeriki verriet.

In der Hausnummer 17 befindet sich übrigens das **Couven-Museum**, in dem Möbel aus dem 18. und 19. Jahrhundert ausgestellt werden. Wenn ihr genügend Zeit mitgebracht habt und bei euch gerade ein akuter Bildungshunger zuschlägt, dann schaut rein ins Museum – der Besuch lohnt sich! www.couven-museum.de

s. „Kultur und so", S. 196

Der Hühnermarkt führt unmittelbar zum **Marktplatz**, dem Herzstück Aachens. Er ist nicht nur Schauplatz des Wochen- und Weihnachtsmarktes und Standort von Aachens ältestem (wer hätt's gedacht!) Brunnen, dem **Karlsbrunnen**, er liegt außerdem zu Füßen eines weiteren enorm großen historischen Gebäudes: dem beeindruckenden **Aachener Rathaus**.

Der gotische Bau mit den markanten Türmchen hat eine Geschichte, die bis ins 14. Jahrhundert zurückreicht. Auch er fiel dem großen Stadtbrand von 1656 zum Opfer, wurde aber wieder aufgebaut und ist nicht

zuletzt wegen der Verleihung des Karlspreises berühmt. Die findet jedes Jahr im absolut sehenswerten Krönungssaal statt.

s. „Kultur und so“, S. 192

Gegenüber dem Rathaus geht's dann auch schon in die berühmt-berüchtigte **Pontstraße**. Schon im Mittelalter wurde sie beschritten, und zwar von Königen, die auf dem Weg zur Krönung in die Kaiserstadt kamen. Heute ist die Feier- und Fressmeile der Stadt perfekt zum Flanieren und Ausgehen. Hier findest Du alles: Kneipen, Cafés, Bars, Diskotheken, Restaurants und verschiedenste Ess- und Trinkkulturen nebeneinander. Besonders für Studenten und junge Leute ist die „Ponte“ der kulinarisch-soziale Lebensmittelpunkt.

Auch hier könnt ihr wieder – sofern Zeit und Lust ausreichend vorhanden sind – einen Abstecher ins Museum machen. Wissenswertes über alte und neue Medien erfährst Du im **Internationalen Zeitungsmuseum** (Pontstr. 13). Die Zeitungssammlung gilt als eine der größten weltweit. Im Museum wird der Wandel der Medienlandschaft eindrücklich dargestellt – von Manipulation und Zensur bis zur massenmedialen Reizüberflutung.

s. „Kultur und so“, S. 192

Sightseeing macht hungrig ...

Bei der kulinarischen Vielfalt in der Pontstraße hat euch ganz bestimmt schon ein kleines Hüngerchen gepackt. Im Pontviertel habt ihr die Qual der Wahl! Wenn's nicht gerade Döner oder Fritten sein sollen, dann lohnt es sich, in eines der folgenden Restaurants reinzuschauen:

Bei **Paella** (Kockerellstr. 22) sitzt Du in einem urigen Restaurant mit spanischer Küche und den besten Tapas der Stadt.
www.restaurant-paella.de

Das **Magellan** (Pontstr. 78) bietet mediterrane Küche in gemütlichem Ambiente. Und falls ihr euch entschließt, euren Touri-Tag auf den Sonntag zu verlegen und mit einer Stärkung zu beginnen: der Sonntags-Brunch ist ein Traum! www.magellan-ac.de

Türkisch-Griechisches bekommst Du im **Labyrinth** (Pontstr. 156-158). Das Restaurant hat eine wunderschöne Gartenterrasse, die Urlaubsgefühle weckt. www.labyrinthaachen.de

Gesättigt und zufrieden steuert ihr nun auf das Ende der Pontstraße zu, wo eure Innenstadttour allmählich zu Ende geht. Zum Abschluss könnt ihr hier noch das **Ponttor** bewundern – eines der zwei (von ursprünglich 11) noch erhaltenen Stadttoren.

Immer noch nicht müde?

Dann gibt es noch ein paar Orte außerhalb des Stadtkerns zu entdecken:

Folgt ihr dem Alleen-Ring vom Ponttor aus nach rechts, gelangt ihr zur Spielbank Aachen im **Neuen Kurhaus** (Monheimsallee 44). Das neoklassizistische Gebäude wirkt imposant und mündet direkt in den Stadtgarten, wo ihr euch ein bisschen ausruhen könnt.

Das **Frankenberger Viertel** mit seinen prächtigen Häuserfassaden und der Frankenburg, der Burtscheider Kurpark oder der historische Ortskern von Kornelimünster – einige Stadtteile sind einen separaten Tagesausflug wert.

s. „Wo wohnst Du?", S. 14

Was das **Uniklinikum** (Pauwelsstr. 30) angeht, schei Geister: Für die einen ist es ein denkmalwürdiges Me High-Tech-Architektur, für die anderen eher ein unattraktives Monstrum. Von weitem erinnert der Gebäudekomplex an eine Mischung aus mittelalterlicher Festungsanlage und Erdölraffinerie und im Eingangsbereich drängt sich die Assoziation mit Flughafen oder Bowlingbahn auf. Der futuristische Hubschrauberlandeplatz, die freiliegenden Rohre, die himmelhohen Aufzugschächte und die gewöhnungsbedürftige Farbgebung der endlos wirkenden Flure sind auf jeden Fall bemerkenswert.

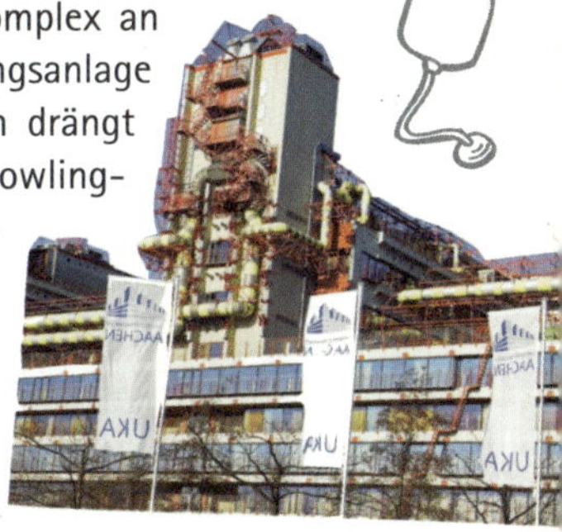

Last but not least: Das **Dreiländereck**! Nirgendwo sonst fühlt sich Europa so europäisch an wie auf dem Vaalserberg. Von der Aussichtsplattform aus siehst Du die deutsch-belgisch-niederländischen Landesgrenzen verschmelzen.

s. „Es ist Sommer!", S. 125

Geführte Touren

Wenn Du die Stadt nicht auf eigene Faust erkunden willst, kannst Du Dich in die Hände eines „Aixperten" begeben, schließlich gibt es ein riesiges Angebot an Stadtführungen: durch den Dom und die Schatzkammer mit einem der bedeutendsten Kirchenschätze der Welt, die Säle des Rathauses, die Gassen des Pontviertels, die Öcher Gastronomie oder entlang der unzähligen Brunnen, die Dir einiges über die Stadt und ihre Geschichte verraten.

Falls Du das große Aachen-Programm haben möchtest, aber ohne Dir dabei Blasen zu laufen, dann gönn Dir einfach eine entspannte Stadtrundfahrt im Touri-Bus. Alle Führungen im Überblick findest Du unter: www.aachen-tourist.de --> Stadtführungen

Wenn Du beim Sightseeing-Trip auch noch gerne die Blicke auf Dich ziehst, kannst Du ganz lässig die Stadt auf dem **Segway** erkunden. Reservier Dir einfach eines der seltsamen Gefährte. www.aixdrive.de

Mitbringsel

Das Aachen-Souvenir schlechthin sind natürlich die Printen. Egal ob Hart- oder Weichprinten, mit Kräutern, Nougat oder Mandeln, Schoko- oder Zuckerglasur, das klassische Rechteck oder in anderer Form oder Größe – die Printe ist ein kulinarisches Chamäleon, für jeden Süßwarenliebhaber geeignet und das ideale Mitbringsel für die Daheimgebliebenen. In Aachen kannst Du die Spezialität das ganze Jahr über an fast jeder Ecke kaufen.

Zentral gelegene Printenbäckereien

Bäckerei Nobis (Krämerstr. 6)
www.nobis-printen.de

Bäckerei Klein (Krämerstr. 12)
www.printen.de

Bäckerei Moss (Krämerstr. 20)
www.baeckerei-moss.de

Bäckerei Drouven (Büchel 27)
www.printen-drouven.de

Bäckerei LEO (Friedrich-Wilhelm-Platz 5)
www.leo-der-baecker.de

Bäckerei Kickartz (Friedrich-Wilhelm-Platz 11)
www.kickartz-printen.de

Was das **Uniklinikum** (Pauwelsstr. 30) angeht, scheiden sich die Geister: Für die einen ist es ein denkmalwürdiges Meisterwerk der High-Tech-Architektur, für die anderen eher ein unattraktives Monstrum. Von weitem erinnert der Gebäudekomplex an eine Mischung aus mittelalterlicher Festungsanlage und Erdölraffinerie und im Eingangsbereich drängt sich die Assoziation mit Flughafen oder Bowlingbahn auf. Der futuristische Hubschrauberlandeplatz, die freiliegenden Rohre, die himmelhohen Aufzugschächte und die gewöhnungsbedürftige Farbgebung der endlos wirkenden Flure sind auf jeden Fall bemerkenswert.

Last but not least: Das **Dreiländereck**! Nirgendwo sonst fühlt sich Europa so europäisch an wie auf dem Vaalserberg. Von der Aussichtsplattform aus siehst Du die deutsch-belgisch-niederländischen Landesgrenzen verschmelzen. s. „Es ist Sommer!“, S. 125

Geführte Touren

Wenn Du die Stadt nicht auf eigene Faust erkunden willst, kannst Du Dich in die Hände eines „Aixperten“ begeben, schließlich gibt es ein riesiges Angebot an Stadtführungen: durch den Dom und die Schatzkammer mit einem der bedeutendsten Kirchenschätze der Welt, die Säle des Rathauses, die Gassen des Pontviertels, die Öcher Gastronomie oder entlang der unzähligen Brunnen, die Dir einiges über die Stadt und ihre Geschichte verraten.

Falls Du das große Aachen-Programm haben möchtest, aber ohne Dir dabei Blasen zu laufen, dann gönn Dir einfach eine entspannte Stadtrundfahrt im Touri-Bus. Alle Führungen im Überblick findest Du unter: www.aachen-tourist.de --> Stadtführungen

Wenn Du beim Sightseeing-Trip auch noch gerne die Blicke auf Dich ziehst, kannst Du ganz lässig die Stadt auf dem **Segway** erkunden. Reservier Dir einfach eines der seltsamen Gefährte. www.aixdrive.de

Mitbringsel

Das Aachen-Souvenir schlechthin sind natürlich die Printen. Egal ob Hart- oder Weichprinten, mit Kräutern, Nougat oder Mandeln, Schoko- oder Zuckerglasur, das klassische Rechteck oder in anderer Form oder Größe – die Printe ist ein kulinarisches Chamäleon, für jeden Süßwarenliebhaber geeignet und das ideale Mitbringsel für die Daheimgebliebenen. In Aachen kannst Du die Spezialität das ganze Jahr über an fast jeder Ecke kaufen.

Zentral gelegene Printenbäckereien

Bäckerei Nobis (Krämerstr. 6)
www.nobis-printen.de

Bäckerei Klein (Krämerstr. 12)
www.printen.de

Bäckerei Moss (Krämerstr. 20)
www.baeckerei-moss.de

Bäckerei Drouven (Büchel 27)
www.printen-drouven.de

Bäckerei LEO (Friedrich-Wilhelm-Platz 5)
www.leo-der-baecker.de

Bäckerei Kickartz (Friedrich-Wilhelm-Platz 11)
www.kickartz-printen.de

Wer es etwas origineller mag, kann den Printengeschmack auch in anderer Form bekommen. In einigen Weinhandlungen gibt es z.B. **Printenlikör** (Weinhaus Lesmeister, Pontstr. 60; Lambertz, Friedrich-Wilhelm-Platz 9-10). Und der erfahrene Tee-Gourmet sollte unbedingt den Aachener **Printentee** probieren (Der Teeladen Haus Eulenspiegel, Krämerstr. 1; Tee Jansen, Pontstr. 64).

Auch in **Printensenf** (Olio, aceto & more, Krämerstr. 20-34) und **Printenessig** (Barrique, Markt 7) kommt die typische Gewürzmischung zum Einsatz. Und damit nicht genug: Wer's mag, kann sich sogar **Printen-Leberwurst** oder **Printen-Pasteten** besorgen (Fleischerei Cornely, Großkölnstr. 38)!

Hier werden Printen gemacht: Bäckerei Klein

Rauchen kann man den Printengeschmack übrigens auch noch: Den **Öcher Prente Tobak** bekommst Du bei Pfeifen-Schneiderwind (Krämerstr. 13-15). Jetzt muss wohl nicht mehr ausdrücklich erwähnt werden, dass die Öcher wirklich stolz sind auf ihre Spezialität!

Klassik
Konzert
Konzert
Konzert
Konzert
Konzert
Konzert
Klassik
endlich
Klassik
Klas
Poetry-Slam
Kinosessel
Theater
Poetry-Slam
Poetry
Konzert
Poetry-Slam

Kultur
und so
Kultur
und so
und so
Kinosessel
Klassik
Kinosessel
Kinosessel
essel
Klassik
etry-Slam
endlich
Theater
Theater
Theater
Theater

Wenn der Fernseher nur Dauerwerbesendungen zeigt, alle Bücher im heimischen Regal längst ausgelesen sind, das Internet mal wieder völlig leergesurft ist und Du trotzdem noch Hunger auf etwas für Augen und Ohren hast, dann hilft nur die Extradosis Kultur. In Aachen bekommst Du diese an unzähligen Ecken mal unkonventionell und aufrüttelnd, mal ganz gewöhnlich und entspannt angeboten. Nur zugreifen musst Du noch:

Licht, Kamera, Action

Die Kinolandschaft Aachens hat sich in den letzten Jahren zwar etwas ausgedünnt, doch Du wirst trotzdem keine Probleme haben, Deinen Appetit auf Filme auf der großen Leinwand zu stillen. Ob Du die neuesten Großproduktionen bevorzugst oder auf gepflegtes Autorenkino stehst, es findet sich immer etwas, auch fürs kleinere Budget.

Das volle Programm in neun Sälen findest Du im **Cineplex Aachen** (Borngasse 30), direkt in der Innenstadt. Im so genannten Kapuziner Karree (wegen des Kinos auch gerne als „Cinekarree" bezeichnet) laufen größtenteils Mainstream-Streifen und Blockbuster. Digitale Projektion und 3D-Technologie sind selbstverständlich, hinzu kommen verschiedene regelmäßige Preview-Events wie „Ladies First" und die obligatorische Sneak Preview. Einen kleinen Blick über den Tellerrand wagt die „Grenzgang Live Reportage", bei der sich alles rund ums Reisen dreht.

Der gleiche Betreiber führt auch den nahe gelegenen **Eden Palast** (Franzstr. 45). Auch hier liegt der Schwerpunkt auf dem Mainstreamigen, aber immerhin gibt man auch den kleineren Filmen mal eine Chance. Und Du hast die Möglichkeit, einen Film im Orginalton zu sehen. Inzwischen kommen sogar die Opern-Freunde auf ihre Kosten, denn der Eden Palast zeigt immer mal wieder Übertragungen aus der New Yorker Metropolitan Opera. Und wer gerne seinen

(alten) Lieblingsfilm noch einmal auf der großen Leinwand sehen möchte, der kann sich sogar einmischen und regelmäßig online über einen von drei „Classic Movies“ abstimmen.
www.cineplex.de --> Stadtauswahl --> Aachen

Die etwas außergewöhnlichere Auswahl an Filmen findest Du im Programm des **Apollo Kino & Bar** (Pontstr. 141-149) mitten in Aachens Kneipen- und Studentenmeile. Das Apollo legt seinen Schwerpunkt eindeutig auf Arthouse- und Autorenkino mit kulturellem Anspruch: Von speziellen Vorführungen für Schulklassen über „Kino im Dialog“ mit Themen, die zur Diskussion anregen, bis hin zum Jugendfilmfestival „Cinéfête“ ist hier alles vertreten. Besonders erwähnenswert ist die „Alternative Movie“-Reihe. Vom künstlerisch wertvollen Autorenfilm bis zum spaßig-bekloppten Trash findet sich immer etwas, auf das man gerade Lust hat. Auf den einen oder anderen „großen“ Film muss man aber auch nicht verzichten: Die vier Säle sind unterschiedlich ausgrüstet und bieten sowohl analogen, digitalen als auch dreidimensionalen Filmgenuss.

Das **Capitol** (Seilgraben 8) ist das Schwester-Kino des Apollo. Es verfügt zwar nur über einen Kinosaal, der besitzt dafür aber einen Balkon und ist besonders hübsch. Setz Dich in einen der bequemen Sessel und genieße die herrlich altomodische Atmosphäre, bevor Dein Film losgeht! Das Programm folgt im Ansatz dem des Apollo, wobei meistens nur ein Film im Hauptprogramm vertreten ist. Neben Sneak Preview mit Kinokarten-Verlosung jeden ersten Mittwoch im Monat werden auch immer wieder Filme im Original – mit und ohne Untertitel – geboten. www.apollo-aachen.de

Das **Filmstudio an der RWTH Aachen e.V.** (Spielorte: Aula 1 im Hauptgebäude der RWTH und das Kármán-Auditorium) bietet euch jedes Semester ein sorgfältig ausgewähltes Programm an nicht mehr ganz brandaktuellen Blockbustern, Klassikern und kleineren Filmen (gerne auch im O-Ton). Und das für nur 3 Euro – auch für

Nicht-Studenten. Zur Philosophie des Filmstudios gehört es auch, das Publikum vor (fast) jedem Hauptfilm mit einem Kurzfilm zu unterhalten. Fester Programmteil in jedem Wintersemester ist „Die Feuerzangenbowle". Der Rühmann-Klassiker, nebst dazu gehörender Party, ist längst fester Bestandteil des Aachener Studentenlebens. www.filmstudio-aachen.de

Auch das **Kaleidoskop Filmforum in Aachen e.V.** (Spielort u.a. im Haus Matthéy, Theaterstr. 67) bietet nicht nur den eingefleischten Cineasten, sondern auch den einfach nur Neugierigen eine Vielzahl von Filmschätzen. Filmhistorisch interessante Dokumente aus aller Welt werden hier präsentiert, Stummfilme mit Livemusik-Begleitung, Arthouse-Kino oder auch Premieren – und das in besonderem Ambiente und an verschiedenen Orten in Aachen.
www.kaleidoskop-ac.de

Auch die **Volkshochschule Aachen** mischt unter dem Motto „Filmwelten" in der Aachener Kinolandschaft mit. Mal in Kooperation mit dem Apollo oder dem Eden Palast, mal in den hauseigenen Räumen (Peterstr. 21-25) werden Dokumentationen, länder- und themenspezfische Filme, berühmte Filmklassiker oder auch Kurzfilme gezeigt. Gelegentlich wird das Filmerlebnis durch Gespräche und Diskussionen ergänzt. www.filmwelten.net

Auch im Kultur-Veranstaltungsraum **Raststätte** (Lothringerstr. 23) kannst Du regelmäßig Filme angucken. Besonders erwähnenswert ist hierbei die vom **Filmraum West** angeschobene Reihe „Wunderkinder – Frühwerke bekannter Regisseure". Aber auch Überraschungsfilme mit Live-Audiokommentar oder die „Stimmfilm"-Reihe erfreuen sich großer Beliebtheit. Letztere beinhaltet zwar vor allem Gespräche über Deine und meine Lieblingsfilme, aber wer Filme und Kino liebt, der redet eben gerne darüber, und das doch am liebsten mit Gleichgesinnten in angenehmer Club-Atmosphäre.
www.raststätte.org www.filmraum-west.de

Zu guter Letzt sei Dir an dieser Stelle noch ein Blick auf das **Netzwerk Kommunales Kino Aachen** empfohlen, das sich die Förderung und den Erhalt einer unabhängigen Kinolandschaft in der Region auf die Fahnen geschrieben hat. Die Filme laufen dann an verschiedenen Orten, z.B. im Apollo oder Eden Palast, aber auch in der VHS oder der Raststätte. www.filmnetz-ac.de

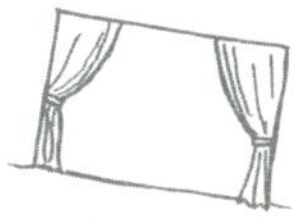

Filmfestivals?

Abseits des mehr oder weniger regulären Kinobetriebs gibt es in und um Aachen auch das eine oder andere Filmfest. Im Vergleich zu anderen Städten ist die Leinwand-Festival-Dichte jedoch leider eher gering.

Das **Euregionale Jugendfilmfestival**, das 2013 zum dritten Mal in Kooperation mit Partnern aus der Umgebung und auch aus Belgien und den Niederlanden stattfand, hat sich der Förderung und Unterstützung junger Filmschaffender verschrieben. Auf dem Programm stehen Kurzfilme und Experimentelles, Dokus und Musikvideos. Rund um das Festival werden zusäzlich interessante Workshops und Diskussionen geboten. www.ejff.eu

Aus dem **Made in Europe Fimfestival**, das mit Basis in Maastricht etabliert wurde und in Partnerschaft mit Aachen in den letzten Jahren erfolgreich war, ist inzwischen eine Plattform für europäische und regionale Filmschaffende geworden, gerne auch mit einem Blick für das Ungewöhnliche. Zwar weilt das Festival als solches nicht mehr unter uns, dafür aber lassen sich das ganze Jahr über kleine Filmperlen entdecken, was das nahe Maastricht für Cineasten zu einem interessanten Reiseziel macht. Dein persönliches Kinofest veranstaltest Du dann z.B. im Liumière Cinema.
www.lumiere.nl

Auch das Filmfestival der Aktion Mensch („überall dabei") oder das Filmfestival Ausnahme / Zustand, die in Aachen zumindest zwischendurch Station machten, sind mittlerweile Geschichte. Einzig das französiche Jugendfilmfestival **cinéfête** gastiert regelmäßig für kurze Zeit im Aachener Apollo. www.institutfrancais.de/cinefete

Open-Air-Kino

Falls Du im Sommer ungern drinnen im dunklen Kinosaal hockst, auf filmische Unterhaltung aber nicht verzichten möchtest, hält Aachen auch etwas für Dich bereit. Das **Cineplex** veranstaltet regelmäßig Freiluft-Kino im Hof des Kapuziner Karrees. Hier bekommst Du zahlreiche Kurzfilme vor dem Hauptfilm geboten und sitzt dabei, selbst bei unerwartet schlechtem Wetter, immer windgeschützt. www.cineplex.de --> Stadtauswahl --> Aachen

Theater drinnen und draußen

Der erste Platz am Ort für die Freunde der Schauspielkunst ist natürlich das **Theater Aachen** (Theaterplatz). Im schönen klassizistischen Gebäude kannst Du Oper, Sprechtheater und Konzerte genießen. Die verschiedenen Produktionen verteilen sich auf insgesamt drei Spielstätten: die große „Bühne", die „Kammer" für kleinere Inszenierungen und das „Spiegelfoyer" für Themenabende, Lesungen oder Kammermusik. Die eine oder andere Einführungsveranstaltung verschafft Dir die Gelegenheit, von den Theatermachern höchstpersönlich einen Einblick in aktuelle

Produktionen zu erhalten. Außerdem bietet Dir die Theaterschule die Möglichkeit, an Theaterkursen und Fortbildungen teilzunehmen. www.theater-aachen.de

Ebenfalls zum Theater Aachen gehört das **Mörgens** (Hubertusstr. 2-8). In der kleinsten städtischen Spielstätte findest Du im alten Fabrikgebäude nicht nur die Werkstätten und den Kostümfundus, sondern auch eine weitere Bühne, auf der Produktionen für ein vor allem junges Publikum geboten werden. Hier bist Du ganz nah dran an den meist neuen und gerne experimentellen Theatervorführungen. Außerdem kannst Du im Mörgens mal hinter die Kulissen spähen. Parties und kleinere Events, wie z.B. Film-Karaoke sind weitere Highlights, die das Mörgens anbietet. www.moergens.de

Wunderbar zentral – direkt gegenüber dem Elisenbrunnen – liegt das **Grenzlandtheater** (Elisengalerie, Friedrich-Wilhelm-Platz 5-6) mit seinem vielfältigen Programm: Ob Komödie oder Drama, modern oder klassisch, gesprochen oder gesungen, hier findet jeder Theaterbegeisterte das Richtige für seinen Geschmack. Die Aufführungen sind recht schnell ausverkauft, Du solltest Dich also rechtzeitig um Karten kümmern. Das Grenzlandtheater und sein wechselndes Ensemble erfreuen sich in und um Aachen großer Beliebtheit und einer Menge Abonnenten. Gastspiele in der Umgebung und in Belgien stehen auch auf dem Programm ebenso wie die Aufführungen des GRETA (Junges Grenzlandtheater Aachen). www.grenzlandtheater.de

Als besonders innovativ präsentiert sich das **Theater K** (Ludwigsallee 139) in der Bastei. Wenn Du unkonventionelle Inszenierungen Deiner Lieblingsklassiker sehen möchtest, bist Du hier an der richtigen Adresse. Sein Zuhause hat das Theater in der Bastei gefunden, die früher ein Nachtlokal und ein Varietétheater beherbergt hat. Bespielt werden hier zwei Bühnen: „Der große Saal" und das kleine „Foyer Rouge", in dem nicht nur Theateraufführungen, sondern

auch Lesungen und Konzerte stattfinden. Eine Außenstation hat das K mit dem „Open-Air-Theater am Lousberg". www.theater-k.de

Etwas weiter draußen liegt das **DAS DA Theater** (Liebigstr. 9), das sich selbst als das größte professionelle Freie Theater der StädteRegion Aachen bezeichnet. Neben Inszenierungen für die eigene Bühne, vom Liederabend bis zum Musical, engagiert sich das DAS DA auch im Bereich Jugend- und Kindertheater. Fest zur Tradition gehören die sommerlichen Aufführungen auf Burg Frankenberg. Ob in den eigenen Räumen oder unter freiem Himmel, es gilt: Karten sind begehrt, greif also frühzeitig zu. www.dasda.de

Das **Theater99** (Gasborn 9-11) hat sich mit seiner kleinen Kellerbühne einen Namen in der Aachener Theaterszene gemacht. Hier kümmert sich die AkuT (Aachener Kultur- und Theaterinitiative) darum, dass Theatergruppen, Kleinkünstler und Musiker eine Plattform bekommen, um ihre Kunst dem geneigten Publikum zu zeigen. Theaterstücke, Liederabende, Lesungen, Kabarett, Puppenspiel – alles dabei! Wenn Du selbst mal Bühnenluft schnuppern möchtest – hier ist der geeignete Ort dafür. Schließ Dich einfach einer der im 99 spielenden Gruppen an. Vielleicht gründest Du ja auch Deine eigene?
www.akut-theater99.de

Nicht ganz so populär, aber trotzdem unbedingt zu erwähnen, ist die **Puppenbühne Öcher Schängche** (Löhergraben 22), wo Dir ausgefallene Stabpuppen Sagen und Märchen vorspielen und dabei Öcher Platt sprechen. www.aachen.de

--> Kultur & Freizeit --> Kulturstadt Aachen
--> Theater --> Öcher Schängche

Nicht mit Puppen, aber auch in Mundart führt die **Alt Aachener Bühne e.V.** ihre Stücke auf. Wenn Du also auf Volkstheater stehst und es als Herausforderung siehst, das auf der Bühne Gesprochene auch wirklich zu verstehen, dann trau Dich in eine der Vorstellungen in der Aula des Einhard-Gymnasiums (Robert-Schuman-Str. 4). www.alt-aachener-buehne.de

Eines der bekanntesten Aachener Kulturevents ist das **Tanzfestival schrit_tmacher**, das immer Anfang des Jahres zahlreiche Freunde des modernen Tanzes und Tanztheaters nach Aachen lockt. Der Spielort ist die Fabrik Stahlbau Strang (Philipsstr. 2), wo sich nationale und internationale Künstler einfinden und eine tolle Atmosphäre aufs Parkett zaubern. www.schrittmacherfestival.de

Impro-Theater

Neben den mehr oder weniger herkömmlichen Bühnen und Ensembles, die in Aachen ihr schauspielerisches (Un-)Wesen treiben, ist Deutschlands westlichste Stadt auch Heimat einiger Improvisationstheatergruppen, die ihre Szenen sozusagen einfach aus dem Ärmel schütteln, bzw. auf Zurufe aus dem Publikum reagieren. Zu den bekanntesten Vertretern dieses Theatersports gehört dabei die Gruppe **Fliegender Wechsel**, die an verschiedenen Orten in Aachen ihr Können unter Beweis stellt. www.fliegenderwechsel.de

Und dann gibt es auch noch das Herren-Trio **Comedia Spontane**. Wenn Du das sehen möchtest, empfiehlt sich vorab ein Blick auf die Website, um Ort und Zeit des Geschehens zu ermitteln. Die Herren bieten übrigens auch Workshops und Kurse an – falls Du Deiner Fantasie und Schlagfertigkeit ein bisschen auf die Sprünge helfen möchtest. www.comedia-spontane.de

Nach den Sternen greifen

Im Süden der Kaiserstadt finden Hobby-Astronomen die **Sternwarte** (Am Hangeweiher 23). Im denkmalgeschützten Gebäude kannst Du im Rahmen einer Führung einen Blick durchs Teleskop in den nächtlichen Sternenhimmel riskieren. Die VHS Aachen macht's möglich. Einmal Weltraum und zurück – und vielleicht hörst Du Dich vor dem Besuch schon die Melodie von „Raumschiff Enterprise" vor Dich hin summen.

Immer samstags (Juni und Juli ausgenommen) kannst Du Dich, was Planeten, Monde, Sternbilder und den ganzen Rest angeht, so richtig schlau machen. Gruppenführungen (mit Voranmeldung), Astronomie-Kurse und Hilfe und Beratung, falls Du beabsichtigst, Dir ein eigenes Teleskop zuzulegen, gehören auch zum Programm der Sternwarte. www.sternwarte-aachen.de

Zirkus & Varieté

Alle Jahre wieder, also zur Weihnachtszeit, öffnet auf dem Bendplatz das **Circus Festival Aachen** seine Tore. Da wimmelt es dann von Akrobaten, Trapezkünstlern, Tiershows, Comedy, Musik und Clowns – alles, was ein Zirkus eben so braucht. Kombiniert wird das Ganze mit aufwändiger Lightshow und phantasievoller Kulisse. Damit Du im tiefsten Winter nicht an Deinem Sitz festfrierst, ist das Zirkuszelt sogar beheizt. Regelmäßig triffst Du hier in der Manege auf nationale und internationale Größen der Szene. Und verhungern oder verdursten muss auch keiner – Imbiss und Getränke kannst Du Dir in der Pause besorgen. www.festivalcircus.de

Kleinkunst, Kabarett, Comedy und mehr ...

Unterhaltung der kabarettistischen Art und Comedy sind in Aachen absolut angesagt. Mitten im Pontviertel, der ohnehin umtriebigsten Ecke der Stadt, findest Du in den alten Räumen der Mensa M6 die **PontStage** (Pontstr. 141-149), den Spielplatz für Kleinkunst, Stand-Up- und Musik-Comedy, kleine Konzerte und mehr.
www.pontstage.com

Die **Raststätte** (Lothringerstr. 23) bezeichnet sich selbst als Kulturraum und ist ein echter Allrounder: Comedy, Tanz, Performance-Kunst, Lesungen, Ausstellungen, Film, Musik, Party – für jeden Geschmack und jede Stimmung hat die Raststätte was auf Lager.
www.raststaette.org

Die Top-Adresse für Kabarett und Artverwandtes ist das **Franz** (Franzstr. 74) am historischen Marschiertor. Lokale Szenegrößen wie etwa „Heinz im Sinn und die Geteiltdurchs" geben sich hier die Ehre und die Aachener Kabarettlegende Wendelin Haverkamp lässt sich auch gerne mal im Franz sehen. Die Comedyshow NightWash taucht gelegentlich für ein Gastspiel auf und an Konzerten und Parties mangelt es ohnehin nicht. Wenn Du auf Kabarett stehst, kommst Du hier auf alle Fälle auf Deine Kosten.
www.franz-aachen.de

Das **Eurogress** (Monheimsallee 48) hat's dann in der Regel noch ein paar Nummern größer. Mitten in Aachens Stadtpark treten auf der Eurogress-Bühne die prominentesten unter den Spaßmachern auf. Aber auch das Angebot für Kulturgierige der ernsteren Sorte kann sich sehen lassen: Renommierte Sinfonieorchester und Ballettensembles stehen auch auf dem umfangreichen Veranstaltungsprogramm. www.eurogress-aachen.de

Museen

An Museen mangelt es Aachen nicht. Es gibt ja schließlich allerhand Historisches, das dem Interessierten gezeigt werden muss. Das Erbe Karls des Großen und die Stadtgeschichte sind Themen, die selbstverständlich nicht zu kurz kommen. Aber auch die zeitgenössischen bildenden Künste werden von der Stadt nicht vernachlässigt.

Historisches und anderes Wissenswertes

Dass man in Aachen großen Wert auf die Stadtgeschichte und deren Vermittlung legt, wird Dich inzwischen nicht mehr wundern. Um allen (mehr oder weniger) Geschichtsinteressierten das Ganze möglichst nahe zu bringen, lädt die Stadt zum Rundgang auf der so genannten **Route Charlemagne** ein, auf der Du wichtige Stationen der alten und neueren Stadtgeschichte abklapperst und Deine Neugier über Aachens bewegte Vergangenheit stillen kannst.
www.route-charlemagne.eu

Die einzelnen Etappenziele dieser Expedition sind das Centre Charlemagne, das Rathaus, der Dom, das Grashaus (ab 2014), das Zeitungsmuseum, das Haus Löwenstein, das Super C, das Couven-Museum und der Elisenbrunnen. Die wichtigsten Stationen stellen wir Dir hier schon mal vor.

Die Räume des im Stadtkern liegenden **Rathauses** (Markt) sind zum großen Teil für die Besucher zugänglich. Du kannst Dir einfach vom Audioguide „Aixplorer" historische Szenen vorspielen lassen und Dich auf eine Zeitreise begeben. Zu jedem Standort

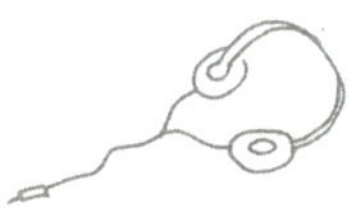

im Rathaus liefert er Dir außerdem die passenden Infos. Besonders im Krönungssaal kannst Du Ohrenzeuge verschiedener Gespräche unter Adligen, Bediensteten oder Geistlichen werden. Fotoausstellungen, Computersimulationen, Fresken und Machtinsignien aus unterschiedlichsten Zeiten der Stadtgeschichte gibt's außerdem zu sehen. www.aachen.de --> Kultur & Freizeit --> Kulturstadt Aachen --> Dom / Rathaus

Fast direkt neben dem Dom liegt die **Domschatzkammer**, die Du bestimmt sehen möchtest, wenn Du an Sakralkunst interessiert bist. Hightlight der über 100 Exponate ist die bekannte Karlsbüste. Direkt gegenüber dem „Kleinen Drachenloch" – so wird das Eingangsportal zur Schatzkammer genannt – befindet sich das Informationszentrum, von wo aus die meisten Touren starten. www.aachendom.de --> Schatzkammer

Das **Grashaus** am Fischmarkt ist eines der ältesten Gebäude der Stadt und trotzdem spielt darin irgendwie Zukunftsmusik. Ab 2014 soll sich hier alles um die Geschichte und die Entwicklung Europas drehen. Dabei soll nicht etwa ein Vermittlungsort mit staubtrockenen Infos entstehen, sondern ein spannender Ort der Interaktion, inklusive jeder Menge Mulitimedia-Features versteht sich. Das ambitionierte Projekt nennt sich übrigens „Europäisches Klassenzimmer". www.route-charlemagne.eu --> Grashaus

Das **Stadtarchiv** (Reichsweg 30), das im Grashaus zu Hause war, ist inzwischen in der „Nadelfabrik" in Rothe Erde untergekommen. Die umfassende Sammlung von Akten, Protokollen, Karten und elektronischen Dokumenten bietet eine schier unüberblickbare Menge an

Quellen für die wissenschaftliche oder private Forschung, die Du Dir im Lesesaal der Präsenzbibliothek zu Gemüte führen kannst. Das „Gedächtnis der Stadt" bietet auch persönliche Beratung und Gruppenführungen, solltest Du genügend Leute zusammen bekommen. www.aachen.de --> Kulturstadt Aachen --> Stadtarchiv

Im so genannten „Großen Haus von Aachen" in der Pontstraße, dem ältesten noch erhaltenen Wohngebäude in Oche, ist das **Internationale Zeitungsmuseum** untergebracht. Hier erfährst Du alles über die Geschichte des Printmediums. Historisches und Kurioses aus aller Welt gibt es zu begutachten und eine ganze Menge z.B. über Pressegeschichte, Pressefreiheit und Zensur zu lernen. Außerdem erfährst Du, wie sich die Zeitung zum Massenkommunikationsmittel entwickelt hat und wie man mit ihrer Hilfe Menschen manipulieren kann. Wenn das noch immer nicht genug Input für Dich ist, mach es Dir einfach mit einer aktuellen Ausgabe im Leseraum bequem. Falls Du so richtig ins Detail gehen möchtest: Sonntags zwischen 14.00 und 15.00 Uhr gibt's eine geführte Museumstour. www.izm.de

Das Haus Löwenstein (Markt 39), in dem die zentrale Infostelle für die Route Charlemagne untergebracht ist, gehört zu den ältesten noch erhaltenen Mittelaltergebäuden der Stadt – das gilt allerdings nur für die Fassade. Das **„Zentrale Karnevalsarchiv & Museum"** ist hier beheimatet. Karnevalsbegeisterte können jeden ersten Montag im Monat von Schriften, Plakaten und Requisiten bis zu Kostümen alles angucken, was mit der fünften Jahreszeit zu tun hat. Also dann: Oche Alaaf!

www.karnevalsarchiv.aachen-markt.de

Etwas weiter draußen in Aachen Horbach liegt das **Zollmuseum Friedrichs** (Horbacher Str. 497). Die Geschichte der Zölle und ihrer wirtschaftlichen Bedeutung ist dabei nur ein Teil des Angebots. Historische und aktuelle Hintergründe, „Grenzgeschichte und Grenzgeschichten" und eine große Menge an Anschauungsmaterial rund ums Thema wird Dir hier präsentiert, z.B. über die Arbeit heutiger Zöllner, über die ehemalige innerdeutsche Grenze oder den Kampf gegen Schmuggler in der Nachkriegszeit. Der Eintritt ist frei. www.zollmuseum-friedrichs.de

Künstlerisches

Moderne Gegenwartskunst erwartet Dich im **Ludwig Forum für Internationale Kunst** (Jülicher Str. 97-109). Über drei Etagen verteilt kannst Du die Werke der berühmten zeitgenössischen Meister (von den 1960ern bis heute) bestaunen. Warhol, Liechtenstein, Richter, Haring, Henson, Basquiat – alle sind vertreten. Aber auch die wechselnden Ausstellungen machen den Besuch im LUFO lohnenswert. Im Garten, der bis 2014 umgestaltet wird, finden im Frühjahr und Herbst Aktionen der Gartenkünstler „atelier le balto" statt. Museums-Eintritt: 5 Euro bzw. 3 Euro. www.ludwigforum.de

Kunst vom 12. bis zum 20. Jahrhundert gibt es am Rande der Innenstadt im **Suermondt-Ludwig-Museum** (Wilhelmstr. 18) zu bewundern. In dem Stadthaus aus dem 19. Jahrhundert kannst Du neben Gemälden auch diverse Kupferstiche, Kunsthandwerk, Glasmalerei und eine umfangreiche Skulpturensammlung sehen. Wenn Du Dein Wissen auf einem speziellen Gebiet vertiefen möchtest, steht Dir eine kunstwissenschaftliche Bibliothek zur Verfügung. Wie viele der Aachener Museen bietet das Suermondt-Ludwig eine Reihe an museumspädagogischen Veranstaltungen an. Auch in diesem Museum kostet der Einritt 5 Euro und ermäßigt 3 Euro. Nach dem Museumsbesuch kannst Du Dich dann in der BarMuseo stärken. www.suermondt-ludwig-museum.de

Die ehemalige Reichsabtei im malerischem Kornelimünster lockt den Kunstfreund in ihre Räume mit der **Sammlung Kunst aus NRW** (Abteigarten 6). Von den Anfängen Nordrhein-Westfälischer Kunst bis ins 21. Jahrhundert reicht die Zeitspanne der ausgestellten Werke. Das Museum hat sich außerdem die Unterstützung junger Künstler aus NRW auf die Fahnen geschrieben und bietet ihnen die Möglichkeit, ihre Werke im barocken Ambiente der alten Abtei zu präsentieren. Fester Bestandteil des Angebots ist die Ausstellung „Kunst aus Nordrhein-Westfalen – Förderkäufe seit 1945", die Dir einen Einblick in die letzten gut 70 Jahre Kunst im Bundesland verschafft. Der Eintritt ist frei. www.kunst-aus-nrw.nrw.de

Der **Neue Aachener Kunstverein** (Passstr. 29) hat es sich zum Ziel gesetzt, außerhalb der üblichen Museumspolitik und Methoden der Kunstvermittlung zeitgenössische Kunst zu präsentieren. Kritischer Diskurs und gesellschaftliche Themen stehen hierbei im Vordergrund. Dazu gehört auch, dass Du passend zu den jeweiligen Projekten mit Lesungen, Filmvorführungen und Themenabenden tiefer ins Metier eintauchen kannst. Für 2 Euro (ermäßigt 1 Euro) lässt man Dich hier rein. Wenn Du ein bisschen Zeit mitbringst, kannst Du nicht nur Deinen künstlerischen Horizont erweitern, sondern auch dem Stadtgarten einen Besuch abstatten.
www.neueraachenerkunstverein.de

Im **Couven-Museum** (Hühnermarkt 17), das in einem typischen Aachener Wohnhaus aus dem 17. Jahrhundert seinen Standort hat, bekommst Du gezeigt, wie die Leute der Region in den vergangenen zwei Jahrhunderten gewohnt haben. Von der Küche bis zum Festsaal kannst Du Dir hier ein Bild machen, wie die unterschiedlichen Gesellschaftsschichten sich früher eingerichtet haben. Besonders spannend ist die Rekonstruktion der Apotheke, die sich hier tatsächlich vor Jahrhunderten schon befunden hat. Der reguläre Eintritt kostet 5 Euro, der ermäßigte 3 Euro.
www.couven-museum.de

Die Aachener Museumslandschaft hat aber noch mehr zu bieten: Das **Fernmeldemuseum** (Am Gut Wolf 9) informiert Dich über „Technik von gestern und vorgestern" und im **Minichamps-Museum** (Charlottenburger Allee 51) treiben sich gern die Freunde der Modellautos herum. www.fernmeldemuseum-aachen.de
www.minichamps.de --> Über uns --> Museum

Konzerte

Egal, wie gut Deine Boxen oder Kopfhörer auch sind, das Gefühl, Musik live zu erleben, kannst Du damit nicht in Dein Aachener Wohnzimmer holen. Aber zum Glück musst Du das ja auch nicht. Denn in Aachen wird täglich live Musik gemacht! Was darf's denn heute sein: Jazz, Rock, Pop, Indie, Folk ... oder Klassik?

Jazz

Kontrabass, Klavier, Bläser und Schlagzeugbesen – wer guten Jazz auf der Bühne sehen bzw. hören möchte, ist mit Aachen ziemlich gut bedient.

Vornweg in Sachen Jazz marschiert der **Jazzverein Aachen**. Nachwuchsförderung sowie Auftrittschancen für alte Hasen und junge Stars stehen ganz oben auf seiner To-do-Liste. Was Du davon hast? Du kannst z.B. „Freitagsjazz" oder Jazzmatineen auf den Kurparkterassen erleben. www.jazzvereinaachen.de

Einem ähnlichen Leitbild folgt der erst seit ein paar Jahren aktive **Jazzclub Opera**, der außerdem seit 2011 die YoungJazz-Tage abhält. Die Konzerte finden im Suermondt-Ludwig-Museum (Wilhelmstr. 18) statt. Nachwuchsförderung wird auch hier besonders groß geschrieben. www.jazzclub-opera.de

Auch im **Dumont** (Zollernstr. 41), einer Kneipe in Frankenberg, finden interessante und hörenswerte Künstler diverser Jazz-Richtungen immer einen Auftrittsort. www.dumont-aachen.de

Rock, Pop und der ganze Rest ...

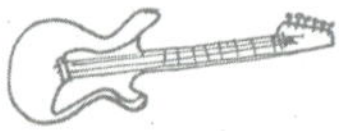

Wenn Du besonders auf selbstgemachte, unplugged vorgetragene Lieder stehst, wirst Du Dich im **Franz** (Franzstr. 74) bestimmt wohlfühlen. Hier wird regelmäßig die [Akustik#Schlacht Aachen] ausgetragen, ein Singer/Songwriter-Slam, der an jedem vierten Sonntag im Monat stattfindet. Ansonsten ist hier aber auch die ganze Palette an Musikrichtungen geboten: Blues, Soul, Pop, Folk, Country und, und, und ... www.franz-aachen.de

Vom bodenständigen Rock über Pop, Ska, Soul und Funk bis hin zum Elektronischen – all das gibt's auf der Bühne des **Jakobshofs** (Stromgasse 31) bei angenehmer Clubatmosphäre und guter Stimmung. www.jakobshof.de

Blues- und Folkmusiker, Singer/Songwriter und Jazzer sind gerne im **Domkeller** (Hof 1) zu Gast. Das Ambiente der Kneipe im denkmalgeschützten Ziegelbau ist angenehm untrendy – Livemusik und „Schnickschnack-freies Biertrinken" sind angesagt. Die „Montagskonzerte" sind inzwischen eine feste Institution unter den Aachener Musikveranstaltungen. www.domkeller.de

Eher in die Richtung laut, hart und schnell (aber nicht nur) geht es im **Musikbunker** (Goffartstr. 26). Metal, Punk, Psychobilly oder Indie und Alternative aller Couleur stehen auf dem Programm. Lokale, nationale und internationale Musiker werden dazu im MuBu auf die Bühne geschickt. www.musikbunker-aachen.de

s. auch „Feiern", S. 145

Punkrock, Hardcore und Indie stehen dick und fett im Veranstaltungskalender des **Autonomen Zentrums Aachen** (Vereinstr. 25). Das AZ möchte absolut unkommerziell sein und bietet deshalb auch

nicht nur Musikern mit dickem Plattenvertrag eine Plattform, um das Aachener Publikum zu begeistern. www.az-aachen.de

Natürlich wird in den Aachener Irish Pubs ebenfalls Livemusik geboten. Bands und Solokünstler aus Aachen, aber auch von weiter her, (folk-)rocken dann das **Wild Rover** (Hirschgraben 13). Irish Folk bei freiem Eintritt gibt's im **Guinness House** (Neupforte 6), einem der beliebtesten Pubs in Aachen.
www.guinnesshouse.de

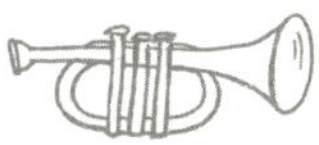

Klassik

Klassische Musik mit richtig großem Klang hat natürlich ganz besonders das **Aachener Sinfonieorchester** zu bieten. Sein Wirkungskreis beschränkt sich nicht nur aufs Theater Aachen, es ist auch gerne mal im Eurogress zu Gast. www.theater-aachen.de

Einen ziemlich guten Ruf in Sachen klassische Musik genießt das **Aachener Studentenorchester der RWTH**. Hier kannst Du Deinen Kommilitonen zusehen, wie sie am Instrument den Profis Konkurrenz machen. Was und wo gespielt wird, erfährst Du hier: www.aso.rwth-aachen.de

Außerdem gibt es regelmäßig Konzerte und Veranstaltungen im **Eurogress**, in den **Kurparkterrassen** in Burtscheid oder der Klangbrücke des **Alten Kurhauses**. www.eurogress-aachen.de
www.kurpark-terrassen.de www.altes-kurhaus-aachen.de

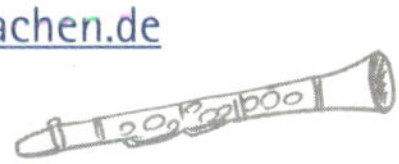

Literatur

Lesungen und Literaturgespräche finden in Aachen generell in den verschiedensten Locations und bei den unterschiedlichsten Veranstaltern statt. Neben kirchlich organisierten Literaturgesprächen gibt es auch im Stadttheater, dem TheaterK, der allgegenwärtigen Raststätte und anderen Locations Veranstaltungen zum geschriebenen und gesprochenen Wort.

Der **Literarische Sommer** ist das größte Event im Großraum Aachen, wenn es um Sprachkunst geht. Es findet als binationales Literaturfestival sowohl in Aachen als auch in einigen anderen Städten diesseits und jenseits der deutsch-niederländischen Grenze statt. Bei der grenzübergreifenden Reihe kannst Du niederländischen, flämischen und deutschen Autoren begegnen und zuhören. In Aachen wird dabei mitunter an ungewöhnlichen Orten gelesen, wie etwa zwischen alten Möbeln im Couven-Museum oder im Alten Kurhaus. www.literarischer-sommer.eu

Seit 1981 kümmert sich das **Literaturbüro Euregio Maas-Rhein** um die Vermittlung zwischen Autoren und der leseinteressierten Öffentlichkeit. Das EMR versteht sich, ganz nach der Idee Aachens als europäische Stadt, als grenzübergreifend und hält daher seine Events sowohl lokal als auch mit den belgischen und niederländischen Kollegen ab. Das Literaturbüro offeriert Lesungen an verschiedenen Orten (z.B. Domkreuzgang, Zeitungsmuseum oder Barockfabrik) und einen Lyriktreff für Freunde der Dichtkunst (ebenfalls in der schmucken kleinen Barockfabrik).

Jeden letzten Samstag wird außerdem zur Live-Vorstellung **Silbenschmiede** geladen, die 2013 im Haus Löwenstein gegenüber dem

Rathaus stattfindet. Hat Dich selbst der schriftstellerische Ehrgeiz gepackt, kannst Du ja mal dem „Offenen Autorentreff" einen Besuch abstatten, um Kontakte zu knüpfen und Erfahrungen auszutauschen. Die Treffen finden jeden ersten Mittwoch im Monat in der Barockfabrik statt. Hilfreiche Seminare und Workshops für (angehende) Schreiberlinge finden außerdem an verschiedenen Orten in Aachen, aber auch in Nachbarorten wie Würselen statt. www.literaturbuero-emr.de

Noch eine recht zarte Pflanze im Aachener Kulturdschungel ist das **L__rzeichen** (Viktoriastr. 10), Aachens „Raum für Kultur". Um Lesungen junger ambitionierter Autoren zu erschwischen, lohnt sich immer mal wieder ein Blick auf das Programm.
www.l--rzeichen.de

Die Buchhandlungen **Backhaus** (Jakobstr. 13) und **Schmetz** (Münsterplatz 7-9) bieten ebenfalls regelmäßig Veranstaltungen rund ums gedruckte Wort. So kannst Du bei Backhaus einem Lesekreis beitreten, Dich zum „Spätlesen" abends in der Buchhandlung einschließen lassen oder Seminarreihen besuchen. Und auch Schmetz bietet Lesungen und Autorengespräche für Groß und Klein. www.backhausbuch.de www.buchhandlung-schmetz.de

Die in Aachen gegründete **Mayersche Buchhandlung** (Buchkremerstr. 1-7) präsentiert ebenfalls ein reichhaltiges Programm an Lesungen, Kinderaktionen und anderem und begrüßt dabei immer wieder sowohl regionale als auch prominentere Gäste in der Buchhandlung oder im Veranstaltungssaal forum M.
www.forum-m-aachen.de

Die **Stadtbücherei** schließlich bietet zu günstigen Preisen jeder Leseratte ein großes Angebot von fast 300.000 Titeln, außerdem DVDs, Musik, Notenblätter, Comics und Zeitschriften. Wer nicht statdtnah wohnt, findet vielleicht in seiner Stadtteilbilbliothek

Ebenfalls in Aachen erscheint die Literaturzeitschrift **[sic]**, deren Macher auch Lyrikveranstaltungen, Lesungen und Musik im Repertoire haben. Zudem wird in der Stadt alljährlich der Hasenclever-Preis an herausragende Literaten verliehen.

www.siconline.de
www.walter-hasenclever-gesellschaft.de

passendes Lesefutter oder bedient sich im Bücherbus. Gerade für Studenten ist der regelmäßige Bücherflohmarkt eine günstige Möglichkeit, um leerstehende Regale zu füllen. Veranstaltungen in der Stadtbücherei richten sich großteils an Kinder (z.B. Mal-Lese-Aktionen oder Vorlesestunden), aber auch Ausstellungen regionaler Künstler oder Vorträge können hier auf Neugierige warten. www.aachen.de --> Medien --> Stadtbibliothek

Poetry Slam

Sprachtalent, Wortgewalt und Zungenfertigkeit kommen bei den Poetry Slams zum Einsatz. In Aachens kleinster Multifunktions-Arena, der **Raststätte** (Lothringerstr. 23), darfst Du jeden Monat Sprach- bzw. Sprechakrobaten bei der „satznachvorn."-Veranstaltung an den Lippen hängen. www.satznachvorn.blogger.de

Auch das Veranstaltungsprogramm von **Die WG**, einer kleinen, mit etwas gewöhnungsbedürftigen Tapeten ausgestatteten Kneipe in der Innenstadt, kann sich sehen lassen. Poetry Slam und Lesungen gehören zum guten Kneipenton. www.diewg-aachen.de

Karneval

Was für manche einen gewissen Gruselfaktor aufweist, wird in Aachen kräftig gefeiert: Karneval. Zwar ist der kollektive Frohsinn mit Schunkelzwang nicht so gewaltig wie in Köln oder Düsseldorf,

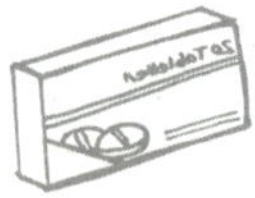

aber trotzdem nimmt der Öcher seinen Karneval richtig e… Zunächst gibt es da die Prinzenproklamation, die feierlich begangen wird. Außerdem wird alljährlich der Orden „wider den tierischen Ernst" an einen Politiker verliehen – das Ganze im Rahmen einer Festsitzung. Kostümierung, Tanzmariechen, Büttenreden, Karnevalsschlager, „Oche Alaaf!"-Rufe – das volle Programm. Dem Aachener jedenfalls gefällt's. www.akv.de

Nichts verpassen: Veranstaltungskalender

Alle Termine und Ankündigungnen findest Du u. a. in den kostenlosen Magazinen Bad Aachen, Klenkes und MOVIEBETA, den beiden Lokalzeitungen Aachener Nachrichten und Aachener Zeitung und auf der offiziellen Stadtseite. Die wichtigsten Links haben wir Dir mal auf einen Notizzettel gepackt:

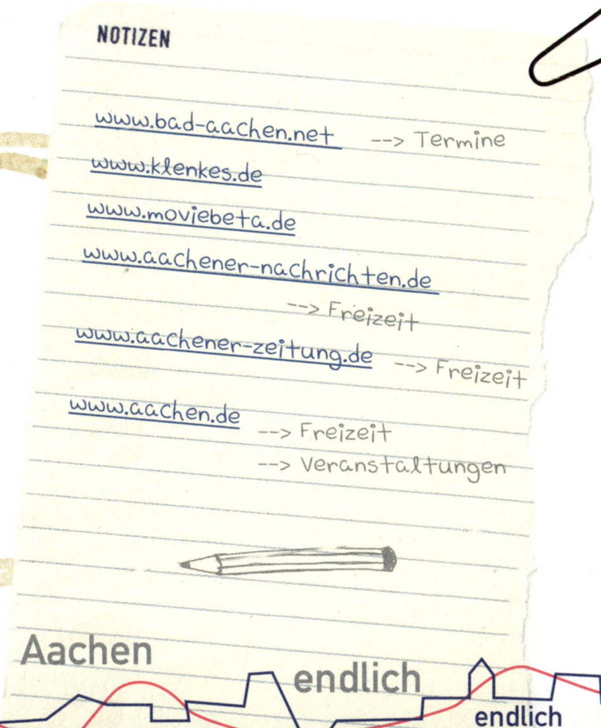

Musik

Musik

Bierbank

Musik

Straßenfest Feiern

Straßenfest

Feier

Musik

feste Feste
feste
Feste
feste Feste
Musik
Bierbank
Bierbank
Musik
Musik
Feiern
Bierbank
Musik
Straßenfest
Straßenfest
Feiern

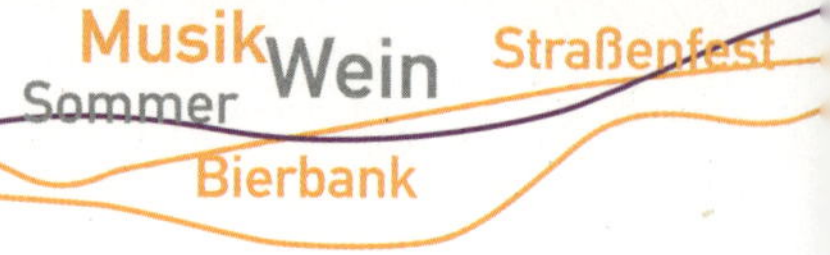

Auch der Aachener geht sich gerne amüsieren. Besonders gut kann er das zusammen mit vielen anderen Aachenern auf einem der zahlreichen Feste, die hier übers Jahr stattfinden. Kulturelles, Kreatives, Livemusik, Alkoholisches, Kulinarisches – ein Grund, um ordentlich feiern zu gehen, findet sich eigentlich immer. Wann und wo Du die Möglichkeit hast, in Deiner Stadt einen draufzumachen, verraten wir Dir hier:

Rund um den Wein

Mai-Weinfest

Hier wird nicht nur in den Mai getanzt, sondern auch getrunken. Das traditionelle Mai-Weinfest in Burtscheid findet jedes Jahr in der Nacht zum Ersten des Wonnemonats statt. Rund um das Abteitor haben dann Winzer aus der Pfalz und von der Mosel ihre Stände aufgebaut. Den leckeren Tropfen, den man Dir hier kredenzt, musst Du natürlich nicht auf nüchternen Magen zu Dir nehmen – von Currywurst mit Pommes und Flammkuchen bis zum edlen Käse gibt's alles, womit Du Dir eine solide Grundlage schaffen kannst.

Und dann ran an den Wein! Denn unter Umständen musst Du Dir die Schunkelmusik etwas schöntrinken – aber keine Sorge, die Veranstaltung hat auch noch andere Livemusik zu bieten.

WeinSommer Aachen

Etwas später im Jahr, Ende August, zieht der Weinsommer Aachen zahlreiche Weinliebhaber auf den idyllischen Katschhof. Zwischen

der Eröffnung am Donnerstag und dem Abschluss am Sonntagabend liegen in der Regel nicht nur einige Promille, sondern auch allerhand Wissenswertes über den Rebensaft, dessen Herstellung und seine Anbaugebiete. Nach ein paar Gläschen kannst Du dann so richtig beschwingt die Live-Musik genießen, die bei so einer Festivität natürlich nicht fehlen darf. www.weinsommer.de

--> WeinFeste --> Aachen

Studentisches

Kastanienfest

Ursprünglich war das Kastanienfest eine Studentenwohnheim-Party, es ist aber inzwischen schon zu einem richtigen Straßenfest geworden. Immer Anfang August trifft man sich hier im Kastanienweg auf der Hörn. Und noch lange nachdem die letzte Live-Band ihre Sachen zusammengepackt hat, wird noch eine Menge Bier geleert und bis tief in die Nacht unter freiem Himmel getanzt.

Türmefest

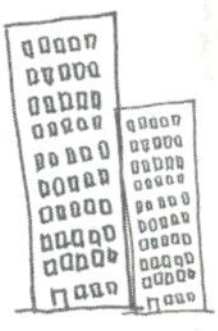

Ebenfalls aus studentischer Hand und ein Riesenspaß ist das Türmefest. Seinen Namen verdankt es den „Die Türme" genannten Studentenwohnheimen am Fuße des Lousbergs. Eine Sommer-Veranstaltung mit viel Livemusik und Bier und Cocktails zu kleinen Preisen. „Open Air & Open End" lautet das Motto!

Stadtmittiges

AachenSeptemberSpecial

Dieses Event ist ein ganz besonderer Kultur-Happen mit extra viel Musik: Vom Rockkonzert in der Kirche über Installationen auf einer Burg bis zu Ausstellungen und Lesungen kann alles dabei sein.

Gleichzeitig wird die gesamte Aachener Innenstadt zur Open-Air-Bühne. Auf den besonders hübschen Plätzen der Altstadt treten rund um den Dom nationale und internationale Künstler auf und Du bekommst Hörenswertes aller möglichen Genres auf die Ohren! Live-Konzerte bei toller Atmosphäre vor einzigartiger Kulisse – was braucht man mehr? www.aachenseptemberspecial.de

Südstraßenfestival

Mehr als nur ein Straßenfest ist das Südstraßenfestival, das immer Ende September stattfindet. Das Kultur-Event ist für seine Familienfreundlichkeit bekannt und ist in der Lage, für jeden etwas aus dem Hut zu zaubern: Konzerte, Ausstellungen, Partys, Verkaufsstände, Essen und Trinken – das alles gibt's sowohl auf der Straße als auch in den umliegenden Cafés, Kneipen und Clubs des Viertels.

across the borders

Das Festival versteht sich als grenzübergreifendes, internationales Fest mit wechselndem Programm aus vielfältigen Sparten und findet an verschiedenen Orten der Aachener Innenstadt statt. Musik, Tanz, Performances und Literarisches aus aller Welt sind sowohl drinnen als auch draußen zu haben. www.route-charlemagne.eu

--> Agenda

Sportliches

In regelmäßigen Abständen hat Aachen auch sportliche Groß-Events zu bieten. Auch, wenn Du nicht als Teilnehmer ins Rennen gehen willst, Zuschauen lohnt sich allemal, denn gefeiert wird zu solchen Gelegenheiten immer.

CHIO Aachen

Einmal im Jahr findet das Weltfest des Pferdesports in der Kaiserstadt statt. Dann wird hier nämlich das CHIO Aachen ausgetragen.

Auf der einzigartigen Veranstaltung im Sportpark Soers treten innerhalb von 10 Tagen internationale Größen aus verschiedenen Reitdisziplinen gegeneinander an. Gekrönt wird das Ganze von einem sehenswerten Rahmenprogramm: Eine tolle Eröffnungsfeier, ein aufwändiges Showprogramm, Livemusik, DJs und Partys gehören immer mit dazu. Auch, wenn Du kein ausgesprochener Pferdeliebhaber bist, lohnt es sich also, mal vorbei zu schauen. Über Programm und Eintrittspreise informierst Du Dich besser schon vorab.

www.chioaachen.de

Eishockey Uni-Cup

Jedes Jahr im Dezember liefern sich die Fachschaften Medizin, Maschinenbau und Elektrotechnik einen sportlichen Wettkampf im Rahmen eines Eishockeyturniers. Jährlich zieht das Spektakel weit über 2.000 Zuschauer in die Aachener Tivoli Eissporthalle. Im Anschluss an den Kampf um die ThyssenKrupp-Trophy gibt es dann eine große Party. Der Erlös der Veranstaltung kommt wohltätigen Zwecken zugute. Nicht zu vergessen: Es wird auch ein Preis für das beste Cheerleader-Team vergeben. Die Veranstaltung ist inzwischen so beliebt, dass Du Dich so früh wie möglich im Vorverkauf um die Karten kümmern solltest. www.hochschulsport.rwth-aachen.de

--> Events --> Eishockey Uni-Cup um die Thyssenkrupp-Trophy

Wissenschaftliches

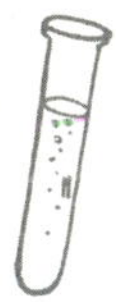

Die RWTH hat über die Jahre hinweg einige Events ins Leben gerufen, die längst als feste Bestandteile der Stadtkultur gelten.

5 vor 12 – die Nacht der Wissenschaft

Jedes Jahr am zweiten Freitag im November öffnet die Hochschule bis spät in die Nacht ihre Türen. Im Kármán-Auditorium bekommst Du dann interessante Ausstellungen, spannende Experimente, Vorführungen, Lesungen zu sehen und zu hören und sogar ein „Start-up Slam" wird unter jungen angehenden Wissenschaftlern ausgetragen. Neben der ganzen Informationsflut kannst Du Dir aber auch gastronomisch einen Input verschaffen und Dir ein Gläschen Sekt genehmigen. Und wie es sich für eine ordentliche Großveranstaltung gehört, spielt auch hier natürlich am Ende eine Band. Der Eintritt ist selbstverständlich frei. www.rwth-aachen.de

--> Veranstaltungen

Nacht der Professoren

Feiern für den guten Zweck kannst Du bei der Nacht der Professoren. Du tanzt zur Mucke, die Deine Profs für Dich auflegen und der Erlös der Veranstaltung wandert in Hilfsprojekte für Studenten in Krisengebieten. www.studieren-ohne-grenzen.org --> Vor Ort --> Aachen

Sonstiges

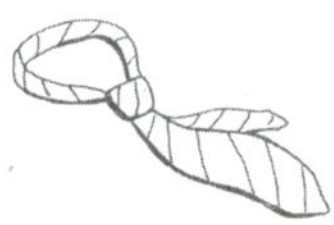

Galaball

Glamourös geht es beim Galaball im Aachener Eurogress zu. Wer schon gerne die Tanzschule besucht hat und am klassischen Gesellschaftstanz Spaß hat, kommt hier garantiert auf seine Kosten: Es warten Formationstanz, akrobatische Show-Einlagen und Livemusik im stilvollen Rahmen – nicht ganz der Wiener Opernball, aber immerhin ... Damit Du Deinem Tanzpartner nicht die Füße platttrittst, bietet der Aachener Hochschulsport spezielle Vorbereitungskurse für den großen Abend an.

www.hochschulsport.rwth-aachen.de

--> Events

Shuttle Party

Ein Ticket, mehr als ein Dutzend Locations und jede Menge Busse, die Dich von einer Party zur nächsten bringen – das ist das Prinzip der Shuttle-Party, die immer am Anfang des Semesters stattfindet. Für nur 5 Euro kannst Du so in einer Nacht gleich die wichtigsten Größen des Aachener Nachtlebens kennenlernen. Und musikalisch ist hier wirklich alles dabei. Am besten, Du lässt Dich einfach treiben und nimmst es, wie es kommt.

Gerade bei den großen Discos empfiehlt es sich, etwas früher dran zu sein, da es meistens doch rappelvoll wird. Aber die besten Partys steigen sowieso immer in den Bussen. Tipp: Viele Locations bieten zu früherer Stunde Specials an, wenn man das Ticket bei ihnen kauft. Da lohnt sich früh ankommen doppelt. www.shuttle-party.de

Öcher Bend

--> Shuttle Party in Aachen

Selbst, wenn Du um Jahrmärkte oder alles, was davon in den meisten Stadtkulturen noch übrig geblieben ist, einen großen Bogen machst, solltest Du dem zweimal jährlich stattfindenden Aachener Bend definitiv einen Besuch abstatten. Denn er hat, trotz seiner überschaubaren Größe, von seiner gesamten Atmosphäre nichts mit der verpönten Dorfkirmes gemein.

Wo sich sonst neben den Fressbuden meist nur noch die Autoscooter mit dröhnenden Bässen über die Jahre halten konnten, findet man hier noch teilweise längst verschollen geglaubte Attraktionen. Vor allem abends, wenn der Platz sich in ein buntes Lichtermeer verwandelt, entwickelt der Anblick des historischen Pferdekarussells oder des Spiegelkabinetts, gepaart mit dem Geruch von Zuckerwatte, eine ganz spezielle Atmosphäre. Und nachdem Du vom Riesenrad aus den Blick über ganz Aachen genossen hast, lässt Du den Abend am besten mit einem Cocktail in der Strandbar ausklingen – Sandstrand inklusive. www.oecherbend-ac.de

Printen
Turnierwetter
Karl der Große
Printen
endlich!
Turnierwetter
Bahkauv
Teufel
Printen
Karl der Große

Mythen
Mythen
Mythen
Turnierwetter
Karl der Große
Printen
Printen
Bahkauv
Bahkauv
Karl der Große
Karl der Große
Printen
Turnierwetter
Bahkauv
Bahkauv
Bahkauv
Printen
Turnierwetter
Printen

Deals mit dem Leibhaftigen, unheimliche Gestalten, süße Verführungen, finsterer Aberglaube und magische Höhenflüge – um die Domstadt ranken sich einige merkwürdige Geschichten. Und deren gewitzte Bewohner – wenn man den Sagen und Legenden traut – sind sogar in der Lage, dem Teufel ein Schnippchen zu schlagen. Einige Kuriositäten, die man sich in Aachen erzählt, wollen wir Dir nicht vorenthalten.

Die Legende um den Dombau

Karl der Große, der sich der heißen Quellen wegen in Aachen niederließ (und sie so zur Kaiserstadt machte), wollte einst einen prächtigen Dom bauen. Wie so oft bei solch bescheidenen Vorhaben wurde das Geld knapp und das Projekt drohte zu scheitern. Karl war außerdem mal wieder in der Weltgeschichte unterwegs und die verantwortlichen Stadtväter hatten in ihrer Not eine ganz dumme Idee:

Sie baten den Teufel um Hilfe. Der war natürlich Feuer und Flamme, weil er sicher war, dass er dabei ein gutes Geschäft rausschlagen könnte: Als Tribut forderte er die Seele desjenigen, der als Erster über die Schwelle des fertigen Doms schreiten sollte. Die Stadtväter gingen auf den Deal ein und um 800 herum – keine zehn Jahre nach Beginn der Bauarbeiten – war es dann auch schon soweit. Der Dom konnte eingeweiht werden.

Natürlich hatten weder der Teufel noch die Aachener ihren Handel vergessen, und Karl, ausgefuchst wie er war, ließ einen Wolf aus dem Wald holen und schickte den zuerst in den Dom. Gierig riss der Teufel dem Wolf die Seele heraus, in der Annahme, ein Bischof oder irgendeine Kirchenhoheit hätte den Dom betreten. Als er sah, dass er hereingelegt worden war, verfiel er in rasende Wut und stürmte hinaus, natürlich nicht ohne vorher noch üble Rache zu schwören.

In seiner Rage und seinem blinden Hass blieb er sogar noch in der großen Eingangstür hängen und riss sich den Daumen ab. Der Teufelsdaumen ist noch heute in der Tür ertastbar! Den armen Wolf, der seine Seele für dieses Stück karolingischer Architektur lassen musste, hat man als Statue verewigt. Die kannst Du in der Eingangshalle sehen.

Die Rache des Teufels

Wenns um Rache geht, ist der Teufel bekanntlich wenig zimperlich: Gleich ganz Aachen wollte er vernichten. Allerdings scheint der Teufel dann doch nicht der Hellste zu sein, denn sein Racheplan wirkte irgendwie skurril: Er reiste zur niederländischen Küste, um einen riesigen Sack mit Sand abzufüllen, unter dem er die Stadt begraben wollte.

Doch selbst für den Teufel ist es mit einem riesigen Sack Sand so eine Sache. Es ist nämlich ein weiter und beschwerlicher Weg von der Küste bis nach Aachen. So war er schließlich lange unterwegs und von der Schlepperei ordentlich erschöpft. Und da er nicht wusste, wie weit es noch war, und er auch nirgends ein Schild finden konnte, sprach er ein altes Mütterchen an, das des Weges kam. Wie weit es noch bis Aachen sei, wollte er wissen.

Das Mütterchen aus ärmlichen Verhältnissen war ziemlich aufgeweckt und erkannte auch gleich den teuflischen Pferdefuß. Sie ersann einen Plan, das drohende Unheil abzuwenden: Sie deutete auf ihre löchrigen und abgelaufenen Schuhe und gab dem Teufel zu verstehen, dass sie dieses Paar Schuhe kürzlich in Aachen gekauft habe. So machte sie ihm klar, dass er noch einen furchtbar weiten Weg vor sich habe. Von dieser Info war der Teufel so frustriert, dass er sein diabolisches Vorhaben aufgab und den Sand noch an Ort und Stelle ausschüttete.

Die Auswirkung dieser Aktion kannst Du heute noch entdecken, denn so sind der Lousberg, der Salvatorberg sowie der Wingertsberg am Stadtgarten entstanden. Und wenn Du dort mal unterwegs sein solltest, kannst Du das alte clevere Mütterchen und den überlisteten Teufel samt seinem Pferdefuß als Statuen verewigt sehen.

Schrecken der Party-Heimkehrer: Das Bahkauv

Wenn Du nach einem spaßigen Abend in der Pontstraße auf dem Nachhauseweg am Büchel vorbeikommst, denkst Du vielleicht an folgende Geschichte, in der schon wieder irgendwie der Teufel im Spiel zu sein scheint:

Unter der Stadt, in Höhlen, aus denen die heißen Schwefelquellen zutage treten, lebte einst ein Teufelsgeschöpf. Es hatte anscheinend Spaß daran, vornehmlich Betrunkene zu attackieren, die nach einem durchzechten Abend nach Hause wankten. Es setzte sich in ihren Nacken, ließ sich tragen und klaute ihnen ihre Habseligkeiten. Alles Flehen und Bitten nützt nicht, die ominöse Gestalt soll dann sogar noch brutaler vorgegangen sein. Fluchen und Schimpfen dagegen sollen es besänftigt haben.

Schuld war übrigens das Bahkauv („Bachkalb" auf Platt) – so hat man das Monster, von dem hier die Rede ist, genannt. Beschreibungen des Ungeheuers gab es verschiedene, jedenfalls soll es mit einem riesigen Schwanz und langen scharfen Zähnen ausgestattet gewesen sein. Du denkst jetzt bestimmt, das Ganze sei als Metapher für

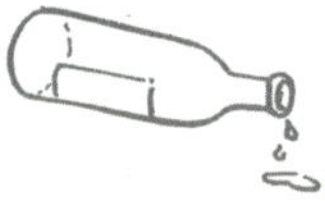

den beschwerlichen Heimweg nach exzessivem Alkoholgenuss bei folglicher Brieftaschenebbe zu verstehen. Das haut aber nicht ganz hin: Man erzählt sich in Aaachen nämlich, dass ein kräftiger und sehr beherzter Schmied einst das Bahkauv überwältigt hat.

Das Schreckgespenst entpuppte sich daraufhin als einfacher Torwächter, der sich verkleidet hatte und sich mit dem Überfallen von Betrunkenen einen regelmäßigen Nebenverdienst verschafft hatte. Das Verfahren gegen ihn soll sogar im Stadtarchiv verzeichnet sein – seltsamerweise konnte jedoch kein Eintrag dieser Art gefunden werden. Also, sei wachsam! Vielleicht ist ja doch ein Monster unterwegs ...

Sagenhafte Köstlichkeiten

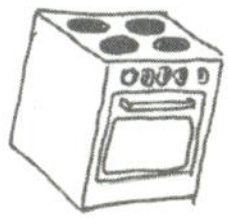

Schon Karl der Große, so sagt man, habe die Aachener Printen genossen – so sehr, dass er sogar mit dem Rezept an seiner Seite begraben worden sein soll. Als die leckeren Printen im 17. Jahrhundert in Vergessenheit geraten waren und große Teile der Stadt außerdem durch ein Feuer zerstört wurden, das ausgerechnet in einer Backstube ausgebrochen war, kam ein aufgeweckter Bäckermeister auf eine clevere Idee: Mit dem groß angelegten Verkauf dieser Spezialität, so dachte er, könnte man den Wiederaufbau der Stadt finanzieren.

Da gab es aber ein kleines Problemchen: Dummerweise hatte Karl der Große das einzig verbliebene Printen-Rezept im wahrsten Sinne des Wortes mit ins Grab genommen und keiner wusste so genau wo das war. Also musste man schon wieder mal den Teufel bemühen, der die Lage des Grabes natürlich kannte. Und wie immer machte der Teufel natürlich nichts umsonst und forderte als Gegenleistung den Schlüssel zur Schatzkammer der Stadt. Ein Bäkkerlehrling ließ sich vom Teufel in Karls Grabkammer führen, bekam das Rezept in die Hände und schon wurden die Backöfen angeheizt.

Teufel
Printen
Turnierwetter

Der Teufel bestand selbstverständlich darauf, dass die Aachener ihren Teil der Abmachung einhielten. Der Versuchung, die frisch gebackenen Printen zu probieren, konnte er aber nicht widerstehen und die waren so köstlich, dass er sich dabei überfraß. Daraufhin quälten ihn so scheußliche Bauchschmerzen, dass er sich in sein Höllenloch zurückzog, ohne die Gegenleistung von den Aachenern erhalten zu haben. Wie Du siehst, sind die Aachener immer gut dabei, wenn es drum geht, den Teufel übers Ohr zu hauen.

Lecker Printen gibt's heute bei Nobis!
s. „Besuch? Tourikram ...", S. 178

Das CHIO Aachen und das Turnierwetter

Jedes Jahr im Sommer findet in der Stadt das renommierte Reitturnier CHIO Aachen statt. Und jedes Jahr bedeutet das: In der CHIO-Woche wird es regnen. Dieses Phänomen hat mit der Bezeichnung „Turnierwetter" sogar schon einen festen Namen bekommen. Aber ist das vielleicht nur ein bewusst gestreutes Gerücht, das die Leute dazu bewegen soll, mehr Geld für Karten für die überdachten Plätze auszugeben? Oder einfach nur Zufall?

Die Wetterdaten der letzten zehn Jahre zeigen jedenfalls, dass es zwar regelmäßig während des Turniers regnet, aber auch nicht mehr und nicht weniger als in den Wochen drum herum. Aachen hat seinen Spitznamen „Rain City" also doch nicht ganz zu Unrecht.

Andererseits sind die Aussichten in Aachen nun auch wieder nicht so finster: Es gibt hier tatsächlich sogar mehr Sonnenschein als in manchen anderen deutschen Städten, wow! Und das liegt daran, dass das Meer (wenn man vom flachen Holland dazwischen absieht) nicht allzu weit entfernt ist. Die Meernähe sorgt nämlich angeblich dafür, dass auch dunkle Regenwolken schnell wieder weiterziehen. Mag sein, dass es auch einfach am sonnigen Gemüt der Aachener liegt, dass sich der Regen hier nicht länger als nötig aufhalten will.

Stabhochsprung auf die Domspitze?

Aachen hat kein Olympiastadion – und braucht auch keins. Einmal im Jahr findet an keinem geringeren Ort als dem Katschhof vor der Kulisse des Aachener Doms und hinterm Rathaus ein Wettbewerb im Stabhochspringen statt. Beim „NetAachen-Domspringen" findet sich ein, wer in dieser Disziplin Rang und Namen hat, um im Wettkampf zu zeigen, was er drauf hat.

Vermutlich schlägt auch hier hin und wieder die mythische Kraft der Kaiserstadt zu: Denn erst 2012 hat Björn Otto hier einen neuen deutschen Rekord aufgestellt. Viele Zuschauer wähnten ihn schon auf dem Luftweg Richtung Domspitze, als er die im Stabhochsprung magische 6m-Grenze überflog. Bei genau einem Zentimeter darüber war dann aber doch Schluss mit Himmelfahrt.

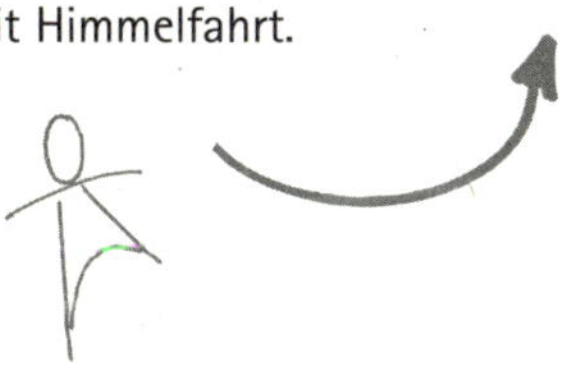

Printenprinz
Gertrudisnacht
Jungfrau
Flammen
Graf von Habsburg
Jungfrau
Printenprinz
Gertrudisnacht
Jungfrau
Kardinalspoker

fiktiv
Aachen
Printenprinz
fiktiv
fiktiv
fiktiv
Printenprinz
Kardinalspoker
Printenprinz
Gertrudisnach

Du findest den Öcher Alltag so spannend wie eine trockene Printe? Zwischen Arbeit, Uni und Pontstraße würde noch ein bisschen Aufregung passen? Echte Morde haben eindeutig eher etwas Unschönes an sich und Zeitreisen sind, soweit wir informiert sind, noch nicht erfunden, daher ist dies wohl der richtige Moment, Dich zurückzulehnen und in eine Parallelwelt einzutauchen. Willst Du Deine Stadt (ganz ungefährlich) mit Mord und Totschlag und in anderen Jahrhunderten erleben und ihr auch noch eine musikalische Seite abgewinnen, mach einen Ausflug ins fiktive Aachen!

Aachen zum Lesen

Krimis

Bei den Krimis von Kurt Lehmkuhl schwingen Lokalkolorit und Lebensgefühl aus Aachen und dem Rheinland immer mit. Wer sich in Aachen ein bisschen auskennt, wird bei einigen der Figuren an die Lokalprominenz erinnert werden.

Kurt Lehmkuhl: Printenprinz
(Gmeiner Verlag)

Prall voll mit Aachentypischem ist diese Kriminalgeschichte. Peter von Sybar wird ermordet. Er war nicht nur ein vermögender ortsansässiger Printenhersteller, sondern sollte auch Karnevalsprinz werden – allerdings in Köln! Auch in diesem Fall macht sich Kommissar Böhnke wieder auf die Suche nach dem Täter – und taucht dabei tief in die Karnevalsszene ein.

Kurt Lehmkuhl: Tore, Tote, Tivoli
(Verlag: Betzel)

Bei Aachens heiliger Sportkuh, der Alemannia, hängt der Haussegen schief. Sportlich läuft es mies, die Insolvenz droht. Trainerwechsel

und Vorstandsgeplänkel sollen das beheben, doch währenddessen geht nicht nur der Sponsor über den Jordan – oder besser die Wurm – sondern auch unschuldige Fans verlieren ihr Leben. Wird es ein schwarz-gelbes Happy End geben? Und was hat der Wurstverkäufer damit zu tun? Tobias Grundler und Rechtsanwalt Schulz ermitteln.

Kurt Lehmkuhl: Kardinalspoker
(Gmeiner Verlag)

Auch dieser Krimi führt den Leser zur Alemannia in die Soers. Es gibt Knies zwischen den Schwarz-Gelben aus Oche und den Fans des ... sagen wir: ungeliebten Geißbock-Clubs aus dieser anderen Domstadt. Ein Fan jenes Vereins wird tot aufgefunden. Doch bei dem einen toten Fußballfreund soll es nicht bleiben ... Bei seinen Ermittlungen gerät (der eigentlich bereits pensionierte) Kommissar Böhnke nicht nur ins Fußballmilieu, sondern auch in die Untiefen der Kommunalpolitik.

Arno Strobel: Das Wesen
(Fischer Verlag)

In einem Waldstück bei Aachen wird die Leiche eines jungen Mädchens gefunden. Der vermeintliche Schuldige, Dr. Joachim Lichner (seines Zeichens Psychiater) wandert in den Knast. Soweit die Vorgeschichte. 15 Jahre später werden die damals ermittelnden Polizeibeamten Seifert und Menkhoff zu einem Haus geschickt, wo angeblich ein kleines Mädchen verschwunden ist. Und wem begegnen sie hier? Richtig – Dr. Lichner.

Es soll sich bei der verschwundenen 2-jährigen um dessen Kind handeln. Lichner bestreitet aber, eine Tochter zu haben. Und dann ist da noch Nicole Klement – Lichners psychisch kranke Patientin und gleichzeitig Menkhoffs Ex. Bei dieser Figurenkonstellation ahnst Du vielleicht schon, dass das ganze in ein großes Psychospiel ausartet. Ein Thriller, den Du bestimmt so schnell nicht wieder aus der Hand legst.

Historisches

Günter Krieger: Flammen über Aachen
(Grenz-Echo-Verlag)

© GEV

Während des 30-jährigen Krieges verliert Martha ihre Eltern und ihre Schwester. Sie musste Zeugin werden, wie diese von Soldaten umgebracht wurden. Einige Jahre später kommt sie nach Aachen, trifft dort auf einen der Mörder und ist wild entschlossen, sich fürchterlich zu rächen. Und dann kommt da auch noch Joseph ins Spiel – der junge Maler, in den sie sich verliebt. Während Martha Beziehung und Blutrache unter einen Hut zu bringen versucht, kommt zum Gefühls-Chaos auch noch die große Katastrophe: Ein verheerender Großbrand zerstört fast die ganze Stadt ... Den großen Stadtbrand gab es übrigens tatsächlich im Jahr 1656.

Günter Krieger: Gertrudisnacht
(Dryas Verlag)

In diesem Historienschinken begibst Du Dich auf eine Reise ins Aachener Mittelalter rund um die Gertrudisnacht, die 1278 in Aachen stattgefunden hat. Graf Wilhelm von Jülich steht samt seinem Heer vor den Toren Aachens mit dem Ziel, Kriegssteuern einzutreiben. Doch die Aachener wehren sich nach Leibeskräften. In die historischen Ereignisse werden die Geschichten von verschiedenen Figuren eingebettet, darunter ein aus dem Konvent verbannter Novize, eine Magd, ein Ritter und ein junger Mann, der sich mit betrügerischem Handel so durchgaunert. Und natürlich kreuzen sich ihre Wege ...

Marente de Moor: Die Niederländische Jungfrau
(Suhrkamp Verlag)

© Suhrkamp Verlag

Die junge Janna wird zur Fechtausbildung von ihrem Vater nach Aachen zum Kriegsveteran und Fechtmeister Egon von Bötticher geschickt. Hier erlebt sie mit Befremden, wie blutige Fecht-Duelle abgehalten werden. Doch während der pubertierenden Janna ihre Emotionen in Bezug auf Egon und seiner von Disziplin und Kampf geprägten Haltung noch nicht so richtig klar sind, ist sie zusätzlich noch einer obskuren Geschichte auf der Spur, die sich in der Vergangenheit zwischen ihm und ihrem Vater abgespielt haben muss. Dabei fallen ihr auch noch Briefe ihres Vaters in die Hände. Während sie versucht, dieses Geheimnis zu lüften, stehen auch schon die Nazis vor der Tür.

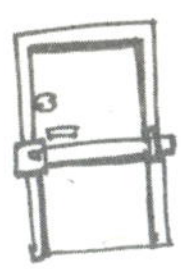

Friedrich Schiller – Der Graf von Habsburg

„Zu Aachen in seiner Kaiserpracht ..." Ebenfalls historisch inspiriert ist Schillers Ballade „Der Graf von Habsburg", die gerade dem einen oder anderen Aachener Germanisten – ja, das kann man hier auch studieren – begegnen könnte. Zwar basiert Schillers Text, in dem ein Sänger beim Krönungsmahl zu Aachen eine Begebenheit aus dem Leben des Titelhelden erzählt, auf historischen Tatsachen, der große Dichter erlaubt sich hier in der Beschreibung aber einige Freiheiten und lässt so etwa den Grafen gleich zum Kaiser krönen. Diverse Musiker, unter anderem Franz Schubert, haben diese Ballade später musikalisch interpretiert.

Aachen im Film

Bisher hat sich Aachen, im Gegensatz zu vielen anderen Großstädten, als Schauplatz von Kinofilmen oder TV-Produktionen vornehm zurückgehalten. Allerdings macht man sich inzwischen durchaus einen Namen als Drehort. So konnte man vor nicht allzu langer Zeit noch Jan Josef Liefers und Crew – vor allem der Crew – beim Dreh im Frankenberger, auf dem Markt oder in Kornelimünster begegnen. Doch tatsächlich ist Aachen inzwischen nicht mehr nur anonyme Location, sondern auch hochoffiziell Schauplatz:

Heiter bis Tödlich: Zwischen den Zeilen
(WDR)

Journalistin Maja Becker (Josephine Schmidt) kommt nach Aachen, um hier für die Lokalredaktion zu arbeiten. Dort trifft sie auf den Zyniker und ehemaligen Starjournalisten Paul Jacobs (Ole Puppe), der nicht im Geringsten bereit ist, sich auf die Weltverbesserer-Tour der neuen Kollegin einzustellen. Maja mischt sich auf der Suche nach neuen Geschichten nicht nur selbst immer wieder in Kriminal-

fälle ein, sondern zieht auch Paul Jacobs mit rein. Humorvoll und mit unorthodoxen Methoden machen die beiden sich auf die Tätersuche, was Polizeikommissarin Bradulic (Nina Petri) so gar nicht gefallen will. Weitere skurrile Gestalten, mit denen die Serie aufwartet, sind die Fußpflegerin Jennifer und Rajesh, ein großer Bewunderer von Paul. Aber seht einfach selbst! Die erste Staffel wurde im Vorabendprogramm der ARD ausgestrahlt, eine zweite wird es leider nicht geben.

Aachen, wie es singt …

Christoph Birken: „Aix-la-la-Chapelle"

Beinahe eine Liebeserklärung ist Christoph Birkens Lied, in dem er seiner Sehnsucht nach Aachen (Aix-la-Chapelle = Aachen auf Französisch) freien Lauf lässt. Auf witzige Art macht er klar, wie toll diese Stadt ist. „Ich brauch die Öcher Luft zum Atmen" gesteht er und meint: „In keiner andern Stadt find ich mein Glück".
www.christoph-birken.de

Au huur jruss

Tuppes

jruss

Au huur

dröm

Prumm

Prun

drömm

Tuppes

Prumm

Sprachregeln und nützliche Vokabeln

Fasteleär

Das Öcher Platt, befindet sich wie viele andere Mundarten auf einem erdwärts geneigten Ast. Wenige verstehen es noch ganz, und noch viel weniger sprechen es. So ist es zwar sehr wahrscheinlich, dass ein Aachener Dir die kryptischen Zeilen auf den Plakaten der Alt-Aachener Bühne übersetzen kann, beim Versuch der Aussprache aber kläglich scheitert.

Das Öcher Platt, so scheint es, ist vielen völlig unverständlich. Angesichts dieser Untiefen sei Dir eine kleine Annäherung ans „Hazz" (Herz) gelegt. Denn auch dem vermeintlich „Normalsprechenden" hört man oft den Öcher an, wenn er sich am Hochdeutschen versucht, und eine ganze Reihe Ausdrücke haben ihren Weg in die regionale Standardsprache gefunden.

Allgemeine Sprachregeln §§

Der Öscher kommt aus Oche

Allgemein tendiert der Aachener dazu, den so genannten „Ich-Laut" als „sch" auszusprechen. Der Öcher, also Aachener, ist somit ein „Öscher" (mit kurzem „ö", wenn's recht ist). Aber: Die Stadt heißt „Oche", mit einem „Ach-Laut", also einem „ch" wie in „Ach! ".

Ach, „J"!

Ähnlich wie auch in anderen rheinischen Jejenden findet man in Oche ein elejantes „j" ästhetischer als das stinklangweilige „g". Hier wird jedenfalls zum Herrjot gebetet und die extralangen Busse tragen den schönen Namen „Öcher Long Wajong".

Ürgendwie anders

Das „i" wird öfter mal durch ein „ü" ausgetauscht. Der Gläubige geht also in die „Kürsche" (Kirche) und isst hinterher womöglich ein

paar „Kürschen" (Kirschen). Wem der angebliche Unterschied in der Vokallänge zur Differenzierung dieser beiden auch nach Jahren nicht gelingen will, lässt Die Kürschen vielleicht besser links liegen und wendet sich der Bürne zu.

Präpositionen und andere Fälle

Mit den Worten „Isch hab an dem jesacht ..." gibt der Aachener einen erlebten Mono- oder Dialog wieder. Wenn er nämlich jemandem etwas mitzuteilen hat, sagt er es „an wem".

Was das Kaputtmachen angeht, ist der Öcher auch irgendwie eigen. So bricht er prinzipiell nichts durch, sondern über. Die Aussage „Isch hab mein Stift überjebrochen" soll schon in der ein oder anderen Aachener Schule gehört worden sein.

Erklärungen hingegen beginnt man gerne mit einem „Es geht sich um/darum ...". Es ist also festzustellen: „Bei der String-Theorie geht es sisch um 'ne komplexe Sache."

Wenn Du zu den Fußballfans gehörst und Dich entschließen solltest, ein Heimspiel der Alemannia im Stadion anzusehen, dann merke: Du gehst „nach dem Tivoli", nicht „zum" Tivoli.

Hast Du was?

§§

Zustände drückt der Öcher gerne mithilfe des Verbs „haben" aus. Und irgendwas hat er immer. Im Winter z.B. hat er kalt. Aber nicht nur damit ist er konfrontiert: „'Schab warm" oder „'Schab Kreislauf" sind durchaus auch Varianten, die Du hier manchmal zu hören bekommst.

Dich, mich und sich

Wer die Orientierung verliert, fragt folgendermaßen nach dem Weg: „Kennst Du Dich hier?". Wen das schlechte Gewissen plagt, dem rät man „sich beichten" zu gehen. Und bitte keine Panik bei der Ankündigung „Ich häng mich auf." Der Betreffende möchte vermutlich nur seine Jacke an einem Haken anbringen.

Darf's noch was sein?

„Etwas" ist als Wort natürlich viel zu lang, also wird daraus kurzerhand ein „was" gemacht. Sollte man also den Imperativ „Bring noch was Bier mit!" an Dich richten, darfst Du getrost mit der Frage kontern, ob der zum Bierholen Auffordernde denn noch „was Kleingeld" habe. Allen Miesepetern sei geraten: „Sei mal was fröhlischer.

Au Huur – der wichtigste Aachener Ausdruck!

„Au Huur" wird als Bekräftigung oder Ausdruck von Erstaunen oder auch mal Verärgerung an Sätze angehängt oder vorangestellt: „Au huur, das kann doch nicht wahr sein!"

Der Ausdruck leitet sich aus einem Begriff für die „alten Höheren" ab, mit dem man den feineren Bürgern mundartlich die Schuld an allem gab, dass schief lief. Übrigens ein bekannter Aachener Partyhit: „Hast Jeburtstag, Au Huur!"

„Au Banan" - das Gleiche in noch netterer Form. Mit dem Versmaß des Liedes übrigens unvereinbar.

Mehr Vokabeln für den Alltag →

Aachener Vokabeln

"Aah sua?"	Echt jetzt?", "wirklich?"
alleng	alleine
Beroff	Beruf
Besöck	Besuch
Daag	Tag
ding	dein, deine
dröm	darum
Enkelkenk	Enkelkind
esuejät	so etwas
Fasteleär	karneval
Festäng	Fest
Fott	Hintern. Siehe auch Aachens skurrilster Name eines Platzes „Henger Herjotts Fott". Übersetzt es einfach mal selbst
futt	weg
Hazz	Herz
hömmele	viel
jruss	groß

Klenkes	ein Aachener Kulturmagazin. Vor allem ist aber der kleine Finger gemeint. Diesen hochzurecker ist eine heute selten gesehene Begrüßung.
Krippekratz	Teufel
Leckerschen	hübsches Mädchen
lenks	links
"och härm/herm"	Ausdruck des Mitleids. Du bist krank? Och härm!"
ömmer	immer
Oes	Mensch
Prumm	Pflaume
Prentekopp	Printenkopf (Idiot)
reähts	rechts
schwabbele	(viel) reden
Tschö/Schö	Abschiedsfloskel
Tuppes	Trottel Je nach Intonation beleidigend oder augenzwinkernd-liebevoll gemeint.
vööl	viel
verlüse	verlieren
"wa?"	Flexibel nutzbares Anhängsel an (rhetorische Fragen oder um Bestätigung zu erbitten: "Wa nich' so schlau, wa?"

weetschaff	Wirtschaft, Kneipe
Zäng	Zähne
Ziedongk	Zeitung

Hast Du erst mal hömmele jeübt, bis e Disch am Akzent jewöhnt hast und Disch in Oche was kenns, solltest Du zümindest nicht mehr allzu sehr auffallen, wa? Doch auch wenn manch einer nach Jahren noch immer nicht wie „von hier" klingt, auf alle Fälle ist mit de Öscher immer ganz gut kürschen essen.

Deine Aachen-Notizen

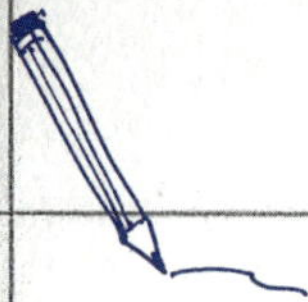

Bildnachweis Titel:
© rap verlag, Fotos: Benedikt Sonntag.

Bildnachweis Inhalt:
Die Bildrechte liegen beim Verlag. Abweichende Bildrechte:
S. 10–42, 72, 169 u.–178, 192–194, 216 © rap verlag, Fotos: Benedikt Sonntag;
S. 50 u.r. © Bike-Components; S. 68, 79 © Crazy Sushi; S. 90, 162 © CAFÉ LIÈGE;
S. 92 © Kaffeerösterei Maqii; S. 93 © C-Caffè / Studentenwerk Aachen; S. 95 ©
Weinsommer, aachen tourist service e.v./Andreas Herrmann (links), Andreas
Steindl (rechts); S. 96 © La Jeunesse; S. 99 © Lennet Bier Aachen; S. 101, 199 ©
Guinness House; S. 115 © Beacher's Island; S. 117, 124–125 © aachen tourist ser-
vice e.v.; S. 130 © Aquana; S. 131 © Carolus Thermen Bad Aachen; S. 133 © Boul-
derhalle Moove Aachen / Aneta Mooving; S. 138 © Weihnachtsmarkt Aachen,
aachen tourist service e.v./Bernd Schröder (oben), Stefan Keller (unten); S. 139,
218 o. © Nobis; S. 146 © Nightlife; S. 163 l. © Café Belle Vue; S. 163 r. © Cupe-
rella; S. 164 © Café Einstein, Foto: Stefan Keller; S. 169 o., 186 © Stadttheater,
Foto: Ludwig Koerfer; S. 179 © Bäckerei Klein; S. 188 © Theater99a, Foto: Tho-
mas Michalski; S. 190 © Sternwarte Aachen; S. 209, 218 u. © CHIO Aachen; S. 224
© Grenz-Echo-Verlag (GEV); S. 225 © Suhrkamp Verlag;

Der Verlag bedankt sich bei allen Institutionen und Firmen, die Informationen und Fotos zur Verfügung gestellt haben. Die entsprechenden Rechte verbleiben bei den jeweiligen Rechteinhabern.